UM PROGRAMA

REALIZAÇÃO

PRODUÇÃO

APOIO CULTURAL

PATROCÍNIO

SOMANDO FORÇAS

ENTREVISTAS A CHARLES GAVIN

GALOS DE BRIGA 1976

JOÃO BOSCO

A IDEIA JÁ EXISTIA, MAS SÓ COMEÇOU A GANHAR FORMA a partir de um encontro com Geneton Moraes Neto numa esquina do Baixo Leblon, sábado de manhã. A certa altura do bate-papo eu disse ao jornalista (e amigo) que há muito tempo vinha pensando em montar um banco de dados na internet, onde seria possível compartilhar o conteúdo das entrevistas de *O Som do Vinil*, algo que muita gente sempre me cobrou.

Desde que começou a ser produzido, em 2007, o acervo foi ganhando valor inestimável, fruto da generosa colaboração dos convidados, que revelam histórias sobre suas canções, seus discos e suas carreiras, recompondo nossa história capítulo a capítulo.

Indo mais longe, afirmei: "nesses tempos em que o espaço na mídia televisiva está se tornando cada vez mais escasso para as vertentes da música brasileira, iniciativas como essa acabam se transformando em estratégicos abrigos de proteção à nossa diversidade cultural, expressa através das artes. N'*O Som do Vinil*, quem conta a história da música brasileira é quem a fez — e a faz".

Geneton ouviu tudo com atenção, concordou e aconselhou: "você tem que colocar isso em livro também. Pense que, daqui a décadas ou séculos, os livros ainda estarão presentes. Eles sobreviverão, seja qual for a mídia utilizada. Tenha certeza: colocou em livro, está eternizado, é pra sempre".

Cá estamos. A ideia se materializou e o projeto que disponibiliza sem cortes, na íntegra, algumas das centenas de entrevistas que fiz neste anos de *O Som do Vinil* está em suas mãos. Agradeço ao mestre e também a todos que, de alguma forma, ajudaram.

Aproveite. Compartilhe.

Charles Gavin

Um programa do Canal Brasil

Concepção
André Saddy, Charles Gavin, Darcy Burger e Paulo Mendonça

[Temporadas 2007, 2008, 2009 e 2010]
Apresentação, direção e pesquisa Charles Gavin
Direção Darcy Burger
Assistentes de direção Juliana Schmitz, Helena Machado, Barbara Lito, Rebecca Ramos
Editores Mariana Katona, Raphael Fontenelle, Tauana Carlier e Pablo Nery
Pesquisa e pauta Tarik de Souza
Coordenação de produção Crica Bressan e Guilherme Lajes
Produção executiva André Braga
Produção Bravo Produções

[Temporadas 2011, 2012 e 2013]
Apresentação, direção e pesquisa Charles Gavin
Direção Gabriela Gastal
Assistentes de direção Maitê Gurzoni, Liza Scavone, Henrique Landulfo
Editores Tauana Carlier, Thiago Arruda, Raphael Fontenelli, Rita Carvana
Pesquisa e pauta Tarik de Souza
Coordenação de produção Henrique Landulfo
Produção executiva Gabriela Figueiredo
Produção Samba Filmes

Equipe CANAL BRASIL
Direção geral Paulo Mendonça
Gerente de marketing e projetos André Saddy
Gerente de produção Carlos Wanderley
Gerente de programação e aquisição Alexandre Cunha
Gerente financeiro Luiz Bertolo

No sulco do vinil

QUE O BRASIL NÃO TEM MEMÓRIA É UMA TRISTE CONSTATAÇÃO. Maltratamos nosso passado como malhamos Judas num sábado de Aleluia, relegando-o ao esquecimento empoeirado do tempo. Vivemos do aqui e agora como se o mundo tivesse nascido há 10 minutos, na louca barbárie do imediatismo. Esse ritmo frenético de excessos atropela não só reflexões um pouco menos rasteiras, como não nos permite sequer imaginar revisitar aquilo que de alguma forma nos fez ser o que somos hoje. Como se o conhecimento, qualquer que ele seja, fosse tão dispensável quanto aquilo que desconhecemos.

Esse esboço de pensamento não deve ser confundido com conservadorismo ou nostalgia, mas como fruto da convicção de que preservar e, talvez, entender o que foi vivido nos permite transgredir modismos e a urgência de necessidades que nos fazem acreditar serem nossas. Essas divagações estiveram na gênese do Canal Brasil, inicialmente concebido como uma janela do cinema brasileiro no meio da televisão e, posteriormente, transformado numa verdadeira trincheira da cultura nacional em todas as suas vertentes.

A música, por sua vez, chegou sorrateira, se impondo soberana como artigo de primeira necessidade, muito naturalmente para um canal chamado Brasil.

Começamos a produzir programas musicais e shows e a buscar, como havíamos feito com o cinema, uma forma que nos permitisse fazer o resgate do nosso extraordinário passado musical.

Recorrentemente falávamos do *Classic Albums* da BBC, pensamento logo descartado pela ausência de registros filmados de nossas clássicas gravações. Mas, como um fruto maduro, esse tema estava não só em nossas cabeças como também em outros corações.

E foi assim que Darcy Burger nos propôs, a mim e a André Saddy, em uma reunião realizada em meados de 2006, a produção de um programa que viesse a ser o *Álbuns Clássicos Brasileiros*.

Diante da constatação da impossibilidade de se reproduzir o modelo inglês do programa, evoluímos para a hipótese de se criar um formato brasileiro, contextualizado por circunstâncias históricas e políticas e depoimentos artistas, músicos e técnicos envolvidos na feitura dos discos, de modo a viabilizar a elaboração de mais que um programa. Um documentário sobre a produção de cada álbum selecionado. Restava saber quem teria credibilidade suficiente para a condução do programa. E essa foi a mais fácil e unânime das escolhas: Charles Gavin.

Charles, além de sua história bem-sucedida de baterista dos Titãs, realizava também um trabalho abnegado de resgate de uma infinidade de álbuns clássicos da música brasileira. Ou seja, assim como o Canal Brasil vem procurando fazer pelo cinema, Charles vinha, solitariamente, fazendo o mesmo em defesa da memória da música brasileira — o que era, desde sempre, um motivo de respeito e admiração de todos. A sua adesão ao projeto, bem como o respaldo propiciado pela luxuosa participação de Tárik de Souza na elaboração de pautas, deram a ele não só um formato definitivo, mas principalmente o embasamento técnico e conceitual exigido pelo programa. Nascia, assim, em julho de 2007, no Canal Brasil, *O Som do Vinil*.

O acervo de entrevistas desde então registradas para elaboração dos programas em diversas temporadas é mais que um patrimônio, se constitui hoje num verdadeiro tesouro para todos aqueles que de alguma forma queiram revisitar uma parte já significativa da história da música brasileira. ⊙

Paulo Mendonça

La
103

J O
"G
1 - I
(.
2 - G
(.

℗ 1

3 - O
(.
4 - R
(.
5 - V
(.
6 - O
(.

RCA

FABR
RECO
TODO
DESA

1 Estereo

103.0171-A

BOSCO

S DE BRIGA"

PATIBILIDADE DE GÊNIOS
osco-Aldir Blanc) 2:31
NULADO
osco-Aldir Blanc) 2:17

Victor

ALEIRO E OS MOINHOS
osco-Aldir Blanc) 3:18
ANDO
osco-Aldir Blanc) 2:25
NOTURNA
osco -Aldir Blanc) 3:17
CO DA CUÍCA
osco-Aldir Blanc) 4:03

flex

A ELETRÔNICA LTDA. AV. ENG. BILLINGS, 2227, S. PAULO, COM MATRIZES DE RCA
) ® MARCA(S) REGISTRADA(S) USADAS POR AUTORIZAÇÃO DE RCA CORPORATION.
ITOS RESERVADOS. PROIBIDA A EXECUÇÃO, PÚBLICA E A RADIO TRANSMISSÃO
AS. INDÚSTRIA BRASILEIRA. CGC 61.126.074/0002-44. SCOP-DPF-001/69-SP.

Galos de briga

RCA Victor, 1976

Produção Rildo Hora
Arranjos Luiz Eça e Radamés Gnatalli ("Rancho da goiabada")
Mixagem Luiz Carlos T. Reis
Arregimento Gilberto d'Ávila
Regência Luiz Eça e Alceo Bocchino
Capa Glauco Rodrigues

MÚSICOS
João Bosco Voz e violão
Toninho Horta Guitarra
Carlos Silva e Souza, Dino e Leonel Villar Violão
Luizão Contrabaixo
Wagner Dias Baixo
Neco Cavaquinho
Pascoal Meirelles Bateria
Luiz Eça Piano
Luiz Antônio Ferreira Bombardino
Netinho Clarinete
Zênio de Alencar Tuba
Walter Batista Azevedo, Manuel Araujo, João Luiz Maciel e Nelsinho Trombone
Giancarlo Pareschi Violino
Formiga, Hamilton Pereira Cruz e Heraldo Reis Trompete
Doutor, Elizeu Feliz, Everaldo, Marçal e Zeca da Cuíca Ritmo
Chacal, Everaldo, Moura, Gilberto d'Ávila, Carlos Silva e Souza, Luciano Perrone, Chico Batera, Barão Percussão
Netinho, Formiga, Hamilton, Luiz Antonio Ferreira, Heraldo, Bijou, João Luiz, Maestro Nelsinho, Manoel, Azevedo, Zênio de Alencar Sopros em "Rancho da goiabada"
Manoel Ferreira Guitarra portuguesa
Toots Thielemans Gaita em "Transversal do tempo"
Ângela Maria Voz em "Miss Suéter"

A DUPLA JOÃO BOSCO & ALDIR BLANC desembarcou no pós-tropicalismo com sua arte miscigenada e até certo ponto barroca, e no primeiro disco, em 1973 (*João Bosco*), angariou apenas 5 mil compradores. O segundo, *Caça à raposa* (1975) saiu quase à revelia, por força de contrato e surpreendeu gravadora e o próprio Bosco. Quarenta mil compradores, impulsionados pelos clássicos instantâneos "O mestre sala dos mares", "Kid Cavaquinho", "Dois pra lá, dois pra cá" (que reciclou o bolero brasileiro) e "De frente pro crime", cujo refrão virou dito popular "tá lá o corpo estendido no chão". *Galos de briga* (1976), direção de estúdio de Rildo Hora e artística de Carlos Guarany, é o disco da afirmação definitiva da dupla como uma das mais importantes da MPB. Vendagens igualmente expressivas contemplaram arrasa-quarteirões como "O ronco da cuíca" (um protesto implícito de alcance sutil), "Incompatibilidade de gênios" (de regravação memorável por Clementina de Jesus), "O rancho da goiabada" (abordando o drama quase oculto dos boias-frias), "Latin lover" e "Miss Suéter", dois boleros classudos — este último com a participação de uma rainha do ramo, Ângela Maria. O gaitista de jazz belga Toots Thielemans intervém em "Transversal do tempo", metáfora sobre o interlúdio escapista da Ditadura militar.

Embora Aldir não cante nem participe como percussionista, sua presença autoral nas letras é tão avassaladora que a carreira de João se divide em antes e depois da parceria. Como nasceu este engate entre o anel e a joia? Aldir começou com um sucesso universitário, "Amigo é pra essas coisas", com Silvio da Silva Jr., enquanto João engatinhava como parceiro (que não vingaria) de seu descobridor, um certo Vinicius de Moraes. Sérgio Ricardo, idealizador do Disco de bolso, do *Pasquim*, compacto que era vendido em bancas, colocou, em 1972, "Agnus sei" (de Bosco & Blanc) na outra face do compacto com nada menos que "Águas de março", com o próprio autor, Tom Jobim, em gravação inaugural. A dupla ainda era praticamente desconhecida e recém formada. Bosco, nascido em Ponte Nova, MG, e ainda radicado em Ouro Preto, tinha 24 anos. "João compõe em Ouro Preto e manda a fita para Aldir, que coloca a letra", dizia o depoimento do encarte do histórico disquinho.

João Bosco Freitas Mucci (13/7/1946) foi roqueiro de um grupo chamado X-Gare, antes de embrenhar-se numa escola à parte de violão acústico, pós-Baden Powell, como a de Gilberto Gil. Aldir Blanc Mendes (2/9/1946), carioca, psiquiatra formado, baterista, passou por um certo Rio Bossa Trio (depois GB 4) e frequentava o MAU (Movimento Artístico Universitário), na Tijuca, de onde surgiram Ivan Lins, Gonzaguinha e Cesar Costa Filho. O polimento da dupla deu-se disco a disco até chegar aos faiscantes *Galos de briga*. "Nossas músicas tocam em rádios ditas populares, estão incluídas nos listões dos disc-jockeys, tocam em FM. Mas não fizemos concessões. A nossa combatividade foi criando duramente as oportunidades", disse Aldir, numa entrevista ao *Jornal do Brasil*, em 1975. Uma amostra da ligação da dupla, que redundou em clássicos como "Rancho da goiabada".

Fala Bosco:

"Eu estava com uma letra do Aldir sobre boias-frias no bolso, quando fomos assistir a um desfile de rancho na avenida. Aquela pobreza, aquela melancolia, porque ninguém dá apoio, ninguém mais se interessa em ver o rancho desfilar." Aldir complementa que a entidade carnavalesca trazia "uma mistura inexplicável de mulatas de saiotes com D. Pedro I e, no meio, um carro alegórico com um jacaré belíssimo". Resultado: quando João releu a letra e pegou o violão, a história dos boias-frias virou "O rancho da goiabada". Mais uma pérola do encontro do violão percussivo, melódico e vocal poderoso de João com o "ourives do palavreado" — como Aldir foi apelidado com perícia pelo mestre Dorival Caymmi.

Tárik de Souza

João Bosco

João, vamos falar das suas influências artísticas lá no começo da sua carreira, por favor.
Eu vou citar uma meia dúzia de discos que me acompanharam durante alguns anos em Ouro Preto e com os quais eu vivi, pelo menos uns sete, oito anos. E isso é difícil, conviver só com seis vinis, é difícil. Mas era o disco do Ray Charles chamado *Twist*, mas não tinha nada a ver com twist. É o disco que tinha o "Tell the Truth", "I Got a Woman", "What'd I say". Depois um disco do Moacir Santos, *Coisas*, de 1965, selo Forma. Depois o disco do Tom Jobim, de 1963, que é *The Composer of Desafinado Plays*, que saiu pela primeira vez na revista *Billboard*, com cinco páginas, ganhou prêmio e tal. É um disco onde ele toca o piano da mão direita e o violão como se fosse a mão esquerda o piano. Mas ele não toca harmonia no piano com a mão esquerda, é um disco que é didático pra você ouvir o que que é um arranjo. Os arranjos são do Claus Ogerman e o baterista, por incrível que pareça, é o Edson Machado tocando delicadamente, suavemente, completamente, um outro Edson Machado. E o outro disco era o Sérgio Mendes com "Sexteto Bossa Rio", chamado *Você ainda não ouviu nada*.

Com aquela formação do Sérgio, tinha o Neto, o Hector Costita, Raulzinho, Edson Maciel. É um disco também instrumental, onde tem alguns arranjos de sopro do Jobim, que eu acho que é o único disco que ele fez arranjo e sopro na vida dele. E um disco do Art Blakey, o *Jazz Messengers*, ainda com a formação de Freddie Hubbard. Esses vinis eu convivi com eles alguns anos, entendeu? E tinha uma vitrolinha que você tirava a tampa e a tampa já era o falante. Eu não sei se isso aí, se essas pessoas influenciaram a minha vida. Mas que eu ouvia essas pessoas sistematicamente nos anos 1960, enquanto eu estudava em Ouro Preto, isso aí eu posso dizer que era uma constante na minha vida.

Mas teve, então, o momento antes ou depois disso que você olhou pro violão e falou: "é isso, aí, eu vou tocar violão, vou entrar nessa".

O violão já vinha de Ponte Nova. Eu fui pra Ouro Preto em 1962, mas antes de 1962 eu ficava tocando violão lá em Ponte Nova. Já tinha um grupozinho de rock and roll. Tinha um batera, um outro violonista e um baixista desses de pau, acústico, e um casal que dançava. Mas eu já vinha misturando um pouco dessa coisa da música, de quando se é jovem, com a música que se ouvia no clube, dançante, na hora dançante e no rádio. A gente misturava um pouco tudo isso. Não havia ainda uma preocupação com relação ao negócio do estilo, do gênero, da cultura. Não, a gente ouvia as coisas de uma maneira geral e depois ia selecionando através de critérios muito mais voltados pro coração, do que por qualquer outra coisa. O último disco, que eu esqueci de colocar naqueles vinis, é o disco do Dave Brubeck, *Time out*, que é um disco que também fazia parte dessa turma aí.

A banda era de rock, lá na sua cidade? Tocava violão numa banda de rock?

Tocava violão, aquele cristal, que a gente ligava naquele Elka. Aquele amplificador que dava choque, parecia mais um ferro elétrico. E a gente tocava por ali. Não só em Ponte Nova, como também nas cidades vizinhas. A gente fazia ali alguns showzinhos e tal. Inclusive, o nosso empresário na época era o Paulo Lopes, que depois veio a ter um programa de rádio aqui no Rio. Foi pra São Paulo e virou um radialista de muito sucesso. E o Paulo Lopes era o nosso empresário, que nos ajudou muito a montar o negócio dos instrumentos, a comprar os instrumentos e tal.

Vocês tocavam o quê?

Era basicamente o negócio do Elvis Presley e do Little Richard. Eram os dois caras que a gente ouvia. E era basicamente isso aí.

Quanto tempo durou?

Olha, isso aí, a gente pegou no começo de 1957, 58 e foi até 61. Aí fui pra Ouro Preto e conheci outros músicos por lá, com outras cabeças, com outra discoteca. E aí a vida foi mudando.

Teve o encontro com Vinicius lá em Ouro Preto, não teve?

Teve, em 1967.

Conta um pouquinho pra gente dessas parcerias, João.

Eu tinha um quarteto vocal. Eu fazia uns arranjos de música brasileira, já tocava Baden [Powell], já tocava o Gilberto Gil, que era bem recente nessa época, já tinha o arranjo para "Procissão", música do Gil. E, enfim, tocava Jobim e tocava a música daquela época, de 1967. E eu procurei o Vinicius [de Moraes] porque eu, de tanto fazer uns arranjos, eu andei fazendo umas músicas, também. Aí ele se hospedava no Pouso do Chico Rei, que era uma pousada maravilhosa, que ainda existe em Ouro Preto. E eu fui e procurei por ele, de noite, bati lá na porta. E tinha até um rapaz que cantava comigo nesse quarteto, que era meu colega de faculdade. Era meu primeiro ano de engenharia. Aí o Vinicius atendeu, eu me apresentei. E ele, como sempre generoso, mandou eu entrar e tudo, e serviu um uisquinho. Aí ele falou, "toca aí". E eu comecei a tocar. Eu sei que ele letrou ali, naquela noite, a primeira música que nós fizemos, "Samba do pouso", que eu gravei com Os Cariocas, no *songbook* do Vinicius produzido pelo Almir Chediak. E aí o Vinicius começou a me convidar pra vir ao Rio, e eu não conhecia o Rio de Janeiro. Aí eu comecei a vir nas minhas férias escolares. Me apresentou uma série de outros músicos. Eu perdi o ano de engenharia por frequência nesse ano. Retomei no ano seguinte, mas continuei estudando. E sempre visitando o Rio, de maneira que, quando eu terminei o meu curso de engenharia, eu já tinha contrato com gravadora e já havia até gravado música.

Mas você concluiu o curso de engenharia.
Concluí. Vinicius disse que eu não tinha que ter essa fissura de vir pro Rio, porque... "Você vai vir pro Rio, vai ter que trabalhar. Termina o curso. Você fica pensando em música, você tem mais tempo. Está numa cidade tão bonita feito Ouro Preto. Uma cidade tão instigante artisticamente. Continue aí estudando as suas coisas e tocando o seu violão que está indo muito bem. E quando você terminar esse curso, aí você vem e vê o que você quer fazer".

Engenharia o quê?
Civil.

Nunca exerceu?

Trabalhei um mês com o tio do Aldir aqui no Rio, mas só um mês. Aí ele veio com um papo de ter que fazer um curso de pós-graduação não sei onde, no exterior. Eu falei: "olha, pra mim já está bom. É só isso mesmo".

Como é que você encontrou o Aldir Blanc?

Eu conheci um cara em Ouro Preto que era amigo dele, isso em 1969. E eu tocava muito naqueles bares com a minha turma, tomando minhas cervejas, tocando violão. Aí esse amigo do Aldir me viu e falou: "cara, eu tenho um amigo lá no Rio, que eu acho que se você conhecesse, vocês poderiam fazer coisas juntos". Aí ele falou do Aldir. E eu tinha ouvido falar do Aldir naqueles festivais de música universitária. Porque eu também escrevia no jornalzinho lá da escola e eu já tinha falado do nome dele. Eu falei: "pô, eu conheço esse cara". Ele falou: "então, vou falar pra ele". Aí ele falou pro Aldir, e o Aldir foi até Minas me conhecer. Aí nós fomos até Ponte Nova, na casa da minha mãe. Minha mãe fez um almoço lá pra todo mundo e tudo, e aí a gente ficou tocando. E lá naquele dia ele já botou num gravador a música que seria "Bala com bala". "Bala com bala", "Angra" e "Agnus sei" foram as primeiras músicas que nós fizemos. Aí ele levou essas músicas pro Rio, e começamos a nos corresponder por correio. Era carta e fita cassete e tal. Aí ele mandou essas três letras. Foram as primeiras músicas que nós fizemos.

Comenta "Agnus sei" pra nós. Foi a sua estreia em vinil?

Foi a minha estreia no vinil. Foi o projeto do *Pasquim*, o *Disco de bolso*. Era um jovem iniciante, apadrinhado por um compositor consagrado. O meu padrinho foi Antônio Carlos Jobim, que gravava no lado A uma música inédita intitulada "Águas de Março" e

no lado B, o jovem iniciante gravando "Agnus sei", com parceria do Aldir Blanc. Só voz e violão, e o nome do disco era *O tom de Antonio Carlos Jobim e o Tal de João Bosco*.

Genial essa ideia do *Pasquim*. Isso foi em 72?
Julho de 1972, no mesmo ano que em Elis [Regina] gravou "Bala com bala".

Explica um pouquinho. Vinha o jornal *O Pasquim* e o disco vinha junto, era um brinde?
Não, o disco é a primeira ideia de produção alternativa que foi feita pelo *Pasquim*, com a produção de Sergio Ricardo. A ideia era a seguinte: você pegar o compacto com duas canções e nesse

compacto acompanha um caderno de cultura com informações sobre os dois músicos ali em questão, o consagrado e o jovem. Entrevista com os dois, partitura das duas músicas que estavam ali naquele disco e as notícias do Rio e do Brasil, de uma maneira geral ligada à música, cinema, artes plásticas. Enfim, tudo. Era um caderno de cultura que acompanhava. Então você ia e comprava esse pacote, que era um LP com essa revista e com todas essas informações. Vendido separadamente do jornal.

Muito boa essa ideia. Essa foi a sua estreia, em 1972?
Isso. E isso vendeu uma enormidade na época. Eu me lembro, o número que eu tenho da época, era de 80 mil compactos vendidos. Isso numa época que essa vendagem era uma coisa muito expressiva.

Essa gravação está onde, João?
Não sei. Isso na época era uma coisa muito informal. O Tom gravou isso com um quinteto, e o andamento é diferente da gravação consagrada. Essa gravação de "Águas de março" é a original, nesse disco. Era um pouquinho mais rápida e também tem umas concepções de arranjos de tom um pouquinho diferente do que viria a ser depois, tanto ele com a Elis, como ele também.

Mas "Agnus sei", como é? Descreve um pouquinho pra nós. Como é que é essa composição sua e do Aldir?
Essa é uma canção que eu fiz a música primeiro e ela é bem barroca no sentido da palavra, né? Quer dizer, ela é uma canção que tem aquelas harmonias de Minas Gerais, que vinha ali do Milton Nascimento, misturado com esses discos que me acompanhavam, que eu enumerei aqui. E tinha aquela coisa da religiosidade de Minas e ao mesmo tempo era uma canção que tinha uma leva-

da, tinha um suingue assim, que misturava um pouco as coisas do Brasil com alguma coisa que, talvez geneticamente, eu trazia comigo. Eu só descobri isso depois, dentro daquele mundo mais mouro, que são os meus parentes, porque os meus avós são libaneses. Então eu acho que era uma canção que misturava um pouco isso tudo. E o Aldir, com aquela habilidade que lhe é peculiar, percebeu isso. E você vê que a letra trata disso, ela fala dessa coisa da religiosidade tanto do Ocidente, como do Oriente. Ela vem abordando essa questão. E, poeticamente, eu acho que é uma música que, como sempre, eu e o Aldir nos entendemos muito bem desde o princípio. É uma canção onde a música e a letra estão ali ligadas de uma forma inseparável, sabe? E essa canção foi a canção que eu gravei com o Tom. E o Tom, eu me lembro, quando ele ouviu essa canção ele gostou muito. Achou uma canção estranha e ao mesmo tempo bonita. Tanto que ele fala isso no próprio disco, na entrevista que ele dá. E depois no meu primeiro vinil, que eu viria a gravar um ano depois, ele acabou escrevendo a contracapa e ele volta a falar dessa questão.

Esse projeto ajudou bastante, não ajudou?
Tanto a mim como ao Fagner, porque só durou dois números. Porque aquela coisa do *Pasquim* era meio maluca, né? Mas era uma ideia, eu fui o primeiro com o Tom, segundo veio o Fagner com o Caetano, e o terceiro seria o Alceu Valença. Ainda agora encontrei com o Alceu e falamos sobre isso. O Alceu fica muito sentido de na hora dele a coisa não ter dado sequência, mas esse era um projeto genial, e como eu te disse, é a primeira experiência de produção realmente alternativa. Não tinha loja de disco, não tinha gravadora, não era isso. Era uma coisa que se fazia informalmente no estúdio do Karan, que era uma casa com equipamento muito simples, assim e tudo, mas era aí que foi gravado

e durou apenas esses dois números. Mas a ideia continua sendo brilhante.

Que pena! Só dois números. Vamos voltar um pouquinho pra Minas, você citou o _Clube da esquina_. De certa forma é uma influência sua também?

Com certeza, porque é engraçado que eu conheci o Milton em Ouro Preto. Porque o Milton também foi me visitar lá levado pelo Nelson Ângelo, que é meu conterrâneo e meu amigo de infância, e a quem eu digo sempre que eu sou um admirador profundo. Eu acho o Nelsinho um compositor extraordinário. E o Nelsinho já conhecia o Bituca antes, muito antes do _Clube da Esquina_. E ele me falou do Bituca. E disse: "Pô, você precisa conhecer um cara de Belo Horizonte que é maravilhoso e tal". E ele levou o Bituca até Ouro Preto, e nós passamos uma noite inteira num botequim chamado XPTO, tomando todas as cachaças possíveis, comendo aqueles tira-gostos, de comida de preto mesmo, de linguiça, de feijão, de não sei de quê...

Cozinha mineira.

É, cozinha mineira, aquela cozinha maravilhosa. E passamos uma noite inteira tocando nesse lugar. E eu conheci o Bituca aí. E hoje falamos disso. Até agora em Montreux nos encontramos. E ele contou essa história no palco. Mas eu acho que eu não pertencia ao Clube da Esquina, eu estava em Ouro Preto, o clube era em Belo Horizonte. A minha música era um pouco diferente, porque ela já trazia umas coisas ligadas, não sei, à Bahia, ao Rio, ao negócio do samba, ao negócio da percussão, ao negócio do ritmo. Tinha também o negócio da harmonia, mas eu acho que harmonia ela vem também de um pouco daquela música mais erudita, mais formal que a gente ouvia lá em Minas. E acho que naturalmente vem também do Milton, que eu acho assim, é um cara que é um divisor na música brasileira. Eu acho que, quando o Milton apareceu, a música brasileira não foi mais a mesma. Depois dele ela ganhou um tipo de acorde, de como a nota da melodia entra no acorde, o silêncio, o tempo. Tudo dele, ele interferiu muito. Eu digo isso mesmo, eu acho que o Milton é um compositor assim, que mudou, que reinventa em certo momento a música brasileira. Assim como Caymmi reinventou a música lá na Bahia no momento em que ele faz uma música, que não se parece com nada existente no Brasil. A mesma maneira como o Caymmi reinventa a música, eu acho que o Bituca reinventa também, sabe, da mesma maneira. Isso em Minas, então eu acho que até músicas como "Agnus sei", a próprio "Caça à raposa", de repente, já têm essa proximidade com o trabalho do Milton.

Você é autodidata?

Sou completamente, não consigo ler nem cifra. O que eu sinto muito em dizer e é um péssimo conselho, morro de vergonha de falar isso. Luizinho Eça bem tentou me ensinar uma cifra numa ponte aérea de São Paulo pro Rio, eu não consegui aprender. Ele disse que era facílimo. Mas eu não consegui e, pelo fato de eu ter estudado engenharia, eu me cansei um pouco de estudar. E o Radamés [Gnattali] me disse uma vez: "você quer escrever, você quer reger?". Eu digo: "não, Radamés, eu só quero tocar o meu violãozinho". Ele falou: "então larga isso pra lá". Mas eu digo aqui, se eu pudesse, eu teria estudado, me arrependo muito de não ter estudado, porque é uma vergonha você ser um músico e não saber ler música. Mas eu estou cansado pra fazer isso. Toda vez que eu começo a estudar, eu prefiro tocar meu violão.

Você tem consciência do que seu violão ia se tornar? Uns anos mais tarde, quando você estava talvez em Ouro Preto

ainda. Não estamos falando de mão direita, mão esquerda, estou falando o que você faz ali. *Veio naturalmente esse monte de influências, de informações pra construir o seu estilo único?* **Você tinha consciência ou naturalmente, intuitivamente, ficou desse jeito?**

É tudo intuitivamente. Não sei te dizer nada sobre isso, não sei. Eu poderia te falar horas sobre o violão do Guinga, que é um violão admirável, que é uma das coisas mais lindas que existe. E eu fico horas ouvindo o Guinga tocar, e não é só o Guinga tocar, é quando o Guinga toca, a gente fica com vontade de tocar, você entende? Ele estimula a gente, porque o que ele faz é tão bonito. Mas eu não sei dizer nada sobre o que eu faço no meu violão! Nunca entendi isso. Eu vou pegando e vou fazendo, vou tocando. Enfim, não sei, não sei dizer. É um violão que vem aí somando uma série de coisas. Mas tudo é uma coisa intuitiva. Naturalmente, ficou assim.

A latinidade que tem em Minas Gerais e a percepção disso é diferente dos outros lugares do país, você acha?

Acho que Minas é diferente. Eu acho que a Bahia com o Rio até tem pontos assim, de afinidade. Você vê os baianos aqui no Morro da Saúde. Os baianos e os cariocas, quando eles juntam, o samba fica irresistível. E quando eles estão separados, também, eles são geniais. Mas quando eles se juntam é barra pesada. Mas Minas Gerais é diferente.

O que tem de diferente?

Olha, eu não sei se são aquelas montanhas, sabe, aquelas cidades cheias de minério de ferro, muito ferro, muito minério, muito mineral. Você vê, como é que você vai explicar um Milton Nascimento? Como é que você vai explicar um poeta como o [Carlos]

Drummond [de Andrade], que nasceu em Itabira? Hoje eu vejo os grandes poetas brasileiros contemporâneos falando sobre o Drummond e acho, talvez, que o Drummond seja não só o maior poeta brasileiro, como esteja entre os três maiores poetas de língua portuguesa ao lado de Camões e Fernando Pessoa, e não ficando um milímetro abaixo dos outros dois. Quer dizer, ele é de Itabira. Eu acho que Minas é isso, são os minérios, as montanhas, o bom tempo, aquela coisa do Drummond. Naquele tempo da cadeira de balanço. Aquele tempo do Guimarães Rosa, das três margens do mesmo rio... Eu não sei, é difícil explicar, o lugar é diferente. Então eu não consigo te falar nada, porque eu acho também que tem muita coisa assim, que você pega no ar, que está ali no ar, que você pega e não sabe nem por quê. Mas as coisas estão ali, entendeu? Se você tivesse em outro lugar, talvez as coisas não estivessem lá, mas elas estão ali. E ali tem gente que está percebendo aquilo. Então a pessoa pega e faz, entendeu? Eu, quando cheguei em Ouro Preto em 1962, tomei um susto com a cidade. Eu vim de carona de uma camionete, quando eu desci da carroceria com a minha mala de couro forrada, que "fedia e cheirava mal", como diria Caetano Veloso, naquela canção maravilhosa dele ["No dia que eu vim-me embora"]. Quando eu vi aquela praça, eu enlouqueci, porque eu senti toda aquela energia, sabe, do Aleijadinho, do Manoel da Costa Ataíde, dos arquitetos, das construções, é muito forte. Então talvez seja isso, eu não sei dizer. Não sei falar sobre isso.

Vamos dar um salto. Depois de "Agnus sei" veio o convite pra assinar com a RCA, não foi? Quem foi até você e te convidou pra fazer parte da gravadora RCA Victor?
Foi o Luizinho Eça. Porque o Luizinho tinha ouvido umas músicas minhas, já tinha tocado pra ele, o Vinicius tinha falado muito

de mim pra ele. E ele foi e procurou o Rildo Hora, que era produtor da RCA Victor, falou: "você tem que contratar um cara lá de Ouro Preto, que o Vinicius está trazendo aí". Aí ele marcou com o Rildo Hora. O Rildo Hora marcou comigo na casa dele, ele morava ali em Botafogo. Aí eu fui, toquei pra ele. Aí ele disse: "vamos assinar logo o contrato!". Eu estava no meu último ano de engenharia. Aí já recebi uma grana de adiantamento e vim pro Rio com essa grana, e eu paguei um aluguel durante um ano de um apartamento. Já vim com a Ângela, casado e tudo. E esse adiantamento deu pra pagar aluguel, deu pra comprar uns móveis que eu fiz lá em Ouro Preto mesmo, e deu pra viver esse ano de 1973, quando eu gravei meu primeiro LP com Luizinho Eça, que tinha me levado pra RCA Victor e com Rogério Duprat.

Muito bom, ele que te recomendou pro Rildo Hora.
Foi ele que me recomendou.

Durval Ferreira não era o diretor artístico da RCA...
Não, nessa época, não. Era um cubano chamado Gil Beltran. Ele era um cubano que era o gerente da RCA Victor. O diretor artístico não era o Durval. O Durval foi um pouco depois, eu ainda peguei o Durval lá, mas era outro cara que eu não me lembro, mas no vinil tem o nome dele. No *Caça à raposa* e no primeiro disco, no *João Bosco*, tem lá o nome dele. O diretor artístico eu não me lembro mais. Mas era esse cubano que era o diretor geral da RCA Victor, um cubano que morava em Miami, que era o Gil Beltran.

Me corrija se eu estiver errado. Você gravou bons discos, uma vendagem boa, mas não foi aquela explosão nos primeiros discos. No *Caça à raposa* as coisas mudaram.
Foi.

Aí você passou a vender bem mais...
Muito disco.

E quando a gente vende mais, naquela época as coisas mudavam bastante.
É verdade.

Hoje está um pouco diferente. Comenta um pouco isso. Esse percurso até o _Caça à raposa_, como é que ficou a vida, suas composições, parceria com Aldir...?
Nós fizemos o primeiro disco, que era o disco que tinha "Bala com bala". Não gravei "Agnus sei" nesse disco, que eu já tinha gravado no _Disco de bolso_. Mas era um disco com uma banda, realmente, muito grande, que tanto o Luizinho [Eça] como o [Rogerio] Duprat montaram. E era um disco difícil, porque é um disco que eu ainda estou em Minas, o Aldir tentando ficar comigo em Minas. Mas eu também querendo vir pro Rio, e a gente não sabendo direito. Quer dizer, nas músicas tem um pouco essa transição. Elas são meio barrocas e estão querendo vir pro Rio e tal. Mas aí _Caça à raposa_ foi que a gente misturou bem a coisa de Minas com o Rio de Janeiro. e aí que vem _Caça à raposa_, que explodiu, que é um disco que eu gravei praticamente naquela época, quase o disco inteiro no _Fantástico_, entendeu? Que era o programa de domingo, de grande audiência, que tinha aqueles clipes que a gente gravava. Eu gravei praticamente o disco inteiro ali. E é o disco do "Mestre-sala dos mares", "De frente pro crime", "Kid cavaquinho", "Dois pra lá, dois pra cá", "Escadas da Penha", "Bodas de Prata"...

Um sucesso atrás do outro...
Era muita música. E com esse disco, de fato, a gente vendeu muito disco. E daí é que a gente ficou, realmente, contente com isso. E, você sabe, né, a gente jovem ali bem empolgado e a gente com

vontade de fazer. Aí eu acho, a repercussão desse disco foi muito importante para o que viria a acontecer depois.

Tem o "Agnus sei", projeto genial do *Pasquim*, convite pra você ir pra RCA, certo?
Tem "Bala com bala", com a Elis, nesse mesmo ano, que ela grava no disco dela.

Ela grava uma composição sua?
É, logo no mesmo mês do "Agnus sei", em julho de 1972.

Já te colocou no panorama.
Já me colocou no panorama. Porque tocou muito "Bala com bala" no disco dela. Tinha aquela introdução do César...

O Caçulinha fala que o César tem a melhor mão esquerda da MPB.
Ele é danado, né? César é danado. Ele é uma loucura.

Veio o primeiro disco pela RCA, que é um disco de transição. Aí depois é o *Caça à raposa*, de 1975. Aí você já está em casa, já chegou no Rio, já pode se dedicar totalmente. "Dois pra cá, dois pra lá" arrebentou. No rádio tocou muito.
Nossa Senhora, tocou muito! O arranjo da Elis era genial. A gente fazia as músicas, já nessa altura a Elis já gravava. Ela gravava sempre primeiro. Quando eu gravei o *Caça à raposa*, ela já tinha gravado aquelas músicas. Ela já tinha gravado "Dois pra lá", já tinha gravado o "Mestre-sala dos mares". Ela gravava tudo na frente, eu vinha depois. Mas essa música tocava demais. E aquele arranjo do César, que começava com aquela chamada de bongô e o Helinho fazendo[cantarola] aquela guitarra linda e chamando, depois os Golden Boys fazendo aqueles vocais atrás, era um arranjo muito sedutor.

Uma gravação clássica. Tem um pouco... A gente está falando da latinidade, que é uma ferramenta que você usa sempre, é muito presente. Já tinha nessa composição, na gravação deles. Poderia não ter, mas tinha. Já fazia parte da composição esse elemento latino?

Nossa, a minha relação latina é muito forte. A música cubana e os boleros, tantos os mexicanos como os cubanos foram muito marcantes na minha vida muito cedo. Porque lá em Ponte Nova tinha um conjunto do Mafa Filho, e o repertório era muito esse. E eu às vezes tocava lá com ele, tocava percussão, às vezes ele deixava eu dar uma cantada. Mas eu não saía do clube, então esse repertório é muito importante na minha vida, sim, porque eu ouvia muito isso. E está presente logo de cara, tanto já no *Caça à raposa*, mais intensamente no *Galos de briga*. Ele surge com tudo.

Vamos falar do *Galos de briga*. Por que que o disco tem esse nome?

O Aldir tinha feito um poema chamado "Galos de briga". E era um poema belíssimo. E eu ficava olhando aquele poema, e ele falava dos galos, das cristas crispadas. Falava do rubrancor da vergonha, fala do rubro das ataduras, falava dos galos de fogo puro, falava das gengivas de ódio antes das manchas no muro. Porque nessa época era uma época difícil. Era a época em que nós vivíamos, aqui na América do Sul, problemas políticos violentos. Então nós tínhamos a Ditadura militar aqui no Brasil, mas enfim, todo o nosso continente aqui estava vivendo problemas muito semelhantes. Então eu acho que esse poema, ele pega isso tudo. E fala das pessoas que têm a cor rubra da coragem, sabe como é que é? E esse poema eu ficava olhando. Aí eu acabei musicando esse poema. E quando eu musiquei, o Aldir viu esse poema, ele descobriu que de repente no disco que a gente estava fazendo ali, compondo as canções, ele achava que esse poema ganhava uma presença muito importante no meio daquele repertório. Como uma ideia, como uma coisa da nossa vontade aguerrida de fazer a música, de batalhar por ela e tudo. Aí ele achou que devia ser *Galos de briga*. Vem desse poema.

Interessante. Está esclarecida a história, porque muita gente acha que os galos de briga são você e o Aldir.
Pode até ser. Pode ser. No fundo eu acho que é isso aí, né? A gente não seria... Não sei, seria muito cabotino da minha parte não reconhecer isso. Acho que isso aí tem que ser reconhecido pelos outros. Mas eu acho que é um poema que diz isso.

Era uma época, como você citou, muito barra pesada, os caras estão falando que a coisa tem que ser desse jeito pra vingar a vida, porque se não, não dá. Vocês tiveram problemas com a Censura nessa época?
Muitos.

Que tipo de problema? O que você passou?
Problemas de ser censurado, o tempo todo. Eu e o Aldir, nós íamos sempre lá na Censura pra saber o porquê, onde é que pegava. E aí era exatamente a ausência de critério é que deixava você mais maluco. Mas aí você vê a genialidade de um cara feito o Aldir, porque esse era um problema que ele tinha que resolver. Porque nós chegamos lá, "Caça à raposa" teve problema, a canção, que era um título que assustava. E nós tivemos problemas com "O ronco da cuíca", que depois de ser gravado ela sofreu censura interna da própria gravadora, na época, em termo de execução pública.

A própria gravadora?

A própria gravadora trabalhou para que essa música não ficasse muito exposta em rádio, tudo. Quer dizer, tivemos esse problema. E tivemos uma música, por exemplo, feito "Mestre-sala dos mares". O Aldir fez uma letra que era: "há muito tempo nas águas da Guanabara o dragão do mar reapareceu na figura de um bravo almirante". Porque o João Cândido tinha a alcunha de almirante negro pela sua habilidade de comandar uma esquadra e ser um exímio marujo com conhecimento do mar profundo e tal. Então ele tinha o apelido de "Almirante". Mas isso aí não passou.

Não passou?

Não, o "Almirante" João Cândido, por ser negro e por fazer parte da Revolta da Chibata e tudo, o título, a patente de almirante não foi permitida a ele, mesmo que essa patente tenha sido dada pelos colegas, entendeu? Então o Aldir colocou "navegante". Ficou "salve o navegante negro", era "salve o almirante negro". Depois teve também, que o Aldir teve que mudar o verso, que ele dizia: "rubras cascatas jorravam das costas dos negros entre cantos e chibatas". "Negros" também não foi possível. Aí ele teve que botar, "rubras cascatas jorravam das costas dos santos entre cantos e chibatas". Que aqueles negros eram santos, porque o que eles sofriam, as penalidades, o sofrimento, eram mártires, eram coisas assim... Mas a Censura pegou um Aldir muito competente, muito esperto e muito criativo. E ele soube responder com a mesma intensidade. Quer dizer, o veto teve um troco na mesma medida. Porque hoje, vendo as canções que o Aldir modificou, e não foram poucas, elas não perderam em nada. Ele soube com a capacidade dele de fazer, de restaurar aquela poesia sem deixar um momento sequer a música perdendo pra original. Em absoluto, acho que eu não sinto falta de nenhuma palavra que tenha sido censurada, porque o Aldir soube dar o troco na mesma moeda, entendeu?

Sem prejudicar a composição.
Sem prejudicar em nada, pelo contrário.

Como que é o método de composição de vocês normalmente? Geralmente falando, assim. Ele manda a letra, você música, o contrário...
Não, a gente começou de longe: eu em Ouro Preto e ele no Rio, começamos pelo correio. Eu mandando música, ele mandando letra e às vezes ele mandava a letra e eu musicava. E isso, na medida em que eu vinha pro Rio, foi uma coisa muito azeitada, ficou funcionando muito. Então a gente fazia de tudo. Quer dizer, ele letrava, eu musicava e às vezes ele letrava, mudando um pouco a música, e eu musicava mudando um pouco texto; e às vezes a gente fazia junto. O que a gente achava era o seguinte: a música que tem que ser bacana. O resultado dela é que tem que ser bacana. Então vamos trabalhar pra isso. Sempre fizemos assim, sempre soubemos compartilhar esse resultado final. Daí essa ideia da gente fazer de tudo. A última que a gente fez que foi esse tema do *Toma lá, dá cá,* "... tu entra cajá e sai caqui / casamento hoje é isso aí..." que está nesse programa, nós fizemos juntos lá em casa. Ele foi pra minha casa, a gente passou uma noite assim, brincando, tocando e tal e foi saindo junto, a gente fez junto. Quando ele foi embora a gente já tinha um samba pronto. E ele dizia: "... entre Copacabana o sonho de Ypacaraí...". E a mesma coisa, a gente misturando as coisas todas, mas fazemos de tudo, quer dizer, pra nós não tem critério. Pode ser por telefone, pode ser por telepatia. Pra nós qualquer processo é processo.

Impressionante, porque vocês têm uma sintonia, uma coerência muito afinada, muito afinada, bastante.

É impressionante. Ele me mandou uma letra linda agora, há pouco tempo, que ele nem conhece a música. Eu não tive oportunidade da gente se encontrar e eu mostrar. Mas é um samba lento chamado "Navalha". E é lindíssimo. É um samba curto, e eu fui fazendo o samba. Mas o processo de musicar, eu sempre fico com a letra na cabeça já e meio que vou à praia, ando, estou na rua. E aquilo está na minha cabeça, porque eu já sei a letra e tal. Mas por uma questão, um lapso assim de memória, eu troquei um verso por outro na sequência. Um verso ficou invertido. Eu acabei fazendo o samba assim. Aí quando eu cheguei depois, muito tempo depois, mostrando o samba pro Chico, meu filho, Francisco Bosco, ele falou: "cara, mas aqui na letra o verso está invertido". Eu falei: "ih, rapaz, então eu devo ter decorado, quer dizer, botado a letra na cabeça de um jeito errado. Então eu vou tentar consertar". Não ficou bom. Eu tentei arrumar, o Chico: "olha, eu prefiro aquele outro que é o original". Eu falei: "tá, então eu tenho que explicar". O Aldir não sabe ainda. Mas é uma troca de rima, que na verdade onde rimava, por exemplo, a primeira com a segunda e a terceira com a quarta, agora está rimando a primeira com a terceira e a segunda com a quarta. Mas de qualquer maneira, quando repete, a quarta rima com a primeira. Então ficou tudo certo, mas o Aldir não sabe ainda. Mas pra você ver como é que a gente trabalha. É assim.

Tem uma coisa que ainda me intriga nesse processo de composição de vocês dois. Você tem um domínio do tempo como poucos músicos que eu conheço. Divide música e letra de uma forma muito difícil de executar. E eu fiquei várias vezes pensando. Bom, essa divisão já veio, ele colocou a le-

tra pra dividir desse jeito, ou você leu aquele texto e inventou aquela divisão? Isso deve passar na cabeça de muitos músicos. Essas divisões que você inventa, que você canta, que são dificílimas, acontece de que formas? Ou ele manda a letra e você divide? Ou ele também divide com você?
Ah, ele divide, também. O Aldir, ele é percussionista, né? Ele tocou percussão comigo no princípio. Quando eu vim aqui pro Rio, os primeiros shows que eu fiz, ele era o percussionista. O Aldir é um exímio perceptor da coisa do ritmo dentro da música. E ele faz isso na letra admiravelmente, né? E isso é uma qualidade que você, que é baterista, sabe disso. Muitas vezes, na hora, às vezes o letrista é maravilhoso, mas na nora de letrar, às vezes, se a divisão for um pouco complicada... tem letrista que tem dificuldade. Engraçado, porque o Aldir é um exímio criador da palavra dentro do ritmo. O Antônio Cícero não tem dificuldade em colocar letra, também, em música. O Chico Buarque, quando nós fizemos "Mano a mano", ele letrou com perfeição, ele também tem uma noção. O Chico, a obra dele diz tudo, mas letrar uma música é uma coisa diferente. E ele fez isso de maneira fantástica. E o Francisco Bosco, o meu filho, que também foi baterista, também tem uma facilidade... eu acho que os letristas que têm uma afinidade com o ritmo ou com a percussão, ou com a bateria, não têm dificuldade nenhuma em letrar essas síncopes, que existem dentro da música.

Exatamente, síncopes, esse suingue todo.
A síncope, na verdade, é uma cilada, porque é um tempo que não está explícito, ele é o sujeito oculto da parada.

Malandragem pura...
Ele vem de lado. Então você tem que imaginar. E esses letristas que têm essa noção rítmica, eles passam por isso na malandragem e fazem muito bem.

Não por acaso a Elis Regina gravava muito você: ela tinha essa coisa do tempo. Sai, deixa a banda tocando, canta numa outra divisão, vai embora, volta, que é o que você faz sempre, também, né, uma sintonia...
É uma escola isso.

É uma escola, exatamente. Outra coisa também, a gente já falou da latinidade, a gente está falando dessa coisa rítmica e técnica que você tem que é muito forte. Mas tem uma coisa também africana, jazzística muito poderosa na sua música também. Você é descendente de libaneses, não?
Sou.

Mas que interessante esse cozido aqui...
O Aldir tem um verso em "Rumbando", que ele diz: "pode ser congada, mas nasceu para bailar". Essa tranquilidade, ela me acompanha desde cedo, porque lá em Ponte Nova tinha as Congadas. Então eu sempre acompanhei as Congadas, adorava aquela festa, daqueles negros bonitos, altos e esguios, e com aquelas roupas brancas com fitas coloridas, e fazendo aqueles cantos de trabalho. E eu sempre gostei muito, tinha sempre muito ritmo, muito pandeiro e muita voz. Então eu adorava aquilo. Mas eu acredito muito que essas coisas, você traz pra dentro de si. O que é preciso é que na vida você tenha alguém com uma varinha que desperte essas coisas. Ou que mostre a você que essas coisas estão dentro de você. Porque muitas vezes você pode viver

com aquilo e nem saber que você tem. Então, eu tinha, sempre tive, essa africanidade do norte, em função também da genética mesmo, dos parentes. Meus avós chegaram no Brasil com 22 anos de idade. Meu pai nasceu aqui por acaso, porque ele podia ter nascido lá. E a colônia árabe na minha cidade era imensa. Eu cresci no meio de uma colônia árabe intensa, falando árabe, escutando música árabe, comendo comida árabe. Então essas coisas marcaram a minha vida. Então você vê: "Jade" tem um pouco dessa coisa de latinidade com a coisa do mouro. O "Agnus sei" é a mesma coisa. E assim vai. Mas a africanidade, talvez, no *Galos de briga*, ela já começa a ficar muito explícita. E é exatamente o ano em que eu conheço a Clementina de Jesus, porque nesse ano nós inauguramos o projeto *Seis e meia* no Teatro Carlos Gomes, que veio a ser o embrião do projeto *Pixinguinha*. E foi o Hermínio Belo de Carvalho quem nos aproximou. Então eu já havia gravado *Galos de briga*. Quando eu conheço a Clementina aí eu ouço a Clementina cantar o "Benguelê" e tudo o mais que ela gravou. Então eu começo. Aí ela tem essa varinha, ela que começa a despertar em mim uma coisa que já vinha se apresentando, mas quando eu conheço a Clementina, isso fica muito forte e eu não tenho vergonha, entre aspas, de entortar a boca pra dizer as melodias, entendeu?

Ela acabou cantando "Incompatibilidade de gênios". Como foi essa história?

Então, nós fizemos esse projeto do *Seis e meia*, ela veio gravar um disco. E aí ela gravou "Incompatibilidade de gênios", depois ela gravou o "Boca de sapo". E depois eu cantei com ela também o "Benguelê", "O ronco da cuíca". E aí nós já estávamos bem, eu passei um ano, praticamente, convivendo com ela intensamente. Então todo aquele disco *Rosa de ouro*, tudo aquilo veio, começou a mexer comigo e tudo. E os cantos dela, tudo isso e eu acabei falando um pouco sobre isso na trilha que eu fiz pro grupo Corpo intitulada "Benguelê", onde todas essas influências estão ali. Mas essa africanidade, eu acho que ela já me acompanha desde cedo. Acho que eu nasci com ela. Essa é a minha, é a diferença que eu sinto do *Clube da Esquina*. Porque eu sou barroco da Congada, entendeu? E é essa que é um pouco a diferença. Embora eu ache que o Bituca, também, quando conhece a Clementina e pensa nela e tudo, ele começa, ele fez "Circo marimbondo", que é uma que é bem diferente no trabalho do Milton. Onde ele também quer fazer parte desse congo, né? E é maravilhoso o resultado. Mas eu já vinha com isso, eu vim mesmo no meio dessa turma aí. Da turma dos pretos batendo tambor, tocando pandeiro, entortando a boca, o som já meio torto e já fazendo aquelas variações vocais e tudo. E quando eu vi a Clementina fazendo [canta] "... Benguelê, Benguelê..." aí eu falei: "Pô, isso aí sou eu. Porra, eu me identifico com isso inteiramente, entendeu?". Aí comecei a deixar mesmo acontecer essa negritude. Aí ela foi ficando cada vez mais explícita.

Além dessa africanidade toda, você já citou as influências jazzísticas. Tem uma outra coisa que também, de vez em quando, aparece na sua música. Algum lado meio indígena de vez em quando... sim ou não?
Acho que sim...

É em algum momento, assim? Às vezes a gente confunde um pouco as coisas, mas assim, tem um pouquinho disso às vezes, você acha?
Sim, eu acho que tem, sim. Eu acho que o Villa Lobos trabalhou muito com essa ideia dos índios no Brasil. Tanto que o canto da

Floresta amazônica, eu cheguei a fazer uma música, chamada "Senhora do Amazonas", que é até uma parceria minha com o Belchior. E eu encomendei a ele essa letra. Eu digo: "eu quero que você faça uma letra baseada no canto da *Floresta amazônica* do Villa Lobos", e ele fez "Senhora do Amazonas", que até o Sérgio Mendes gravou naquele disco, *Brasileiro*. E eu gravei no disco *Gagabirô*, com arranjo do Radamés Gnattalli. Mas o que eu gosto do negócio do índio é exatamente o tempo também dos cantos, que ao contrário do tempo da música atual, que é uma coisa matematicamente muito exata. Porque ela tem que ser exata, pra poder ser repetida. O negócio do índio, não. Você é capaz de cantar, ouvir um tema indígena, onde o tempo é dado pela dança. E a dança, é uma dança onde o pé esquerdo faz o tempo forte, né, porque eles estão dançando e cada vez que eles colocam o pé esquerdo no chão é o tempo da música. Ora, se você está se baseando ritmicamente num passo de dança, esse passo não é preciso. Porque uma hora ele cai num tempo, outra hora ele cai num tempo ligeiramente ou pra lá ou pra cá. Mas o que eu gosto é dessa situação que não se repete. E eu usei muito essa coisa quando eu gravei, por exemplo, no *Cabeça de nego*, esse recurso, de chegar no estúdio e não deixar o tempo se repetir. Então essa coisa de... eu fiz isso, por exemplo, gravando um samba enredo, "João do Pulo", que eu musiquei um texto do Aldir, que é um samba-enredo que eu não quis gravar percussão exatamente pra deixar ele com esse tempo, como se fosse um canto indígena, entendeu? Mas eu gosto muito disso. Se você for olhar, por exemplo, o que nós temos de música gravada, principalmente no Xingu, você vai ver que a música, ela nunca cai no mesmo tempo. Ela não é matematicamente precisa, pelo contrário, essa imprecisão é que é a beleza daquele tema.

Bom, você acabou de falar uma coisa que eu não tinha definido sobre a sua música, mas agora é que dá pra entender. A gente caminha pro contrário, a nossa sociedade.

Caminhamos pro contrário... pra exatidão.

A exatidão, precisão. E isso é o contrário, né?

Isso é o contrário. Isso é o que não é exato. É o que é o inexato mesmo, propositadamente.

Vamos dar uma ouvida no _Galos de briga_ e você vai se lembrando da gravação. Então vamos à primeira música, que é "Incompatibilidade de gênios"

Esse disco, _Galos de Briga_, tem um momento assim muito mágico. Porque ele reúne o Luiz Eça, grande Luiz Eça, que arranjou todas as faixas. Tem o Luizão Maia de baixo, que é um dos maiores baixistas que o Brasil teve. Tem o Pascoal Meirelles de bateria e o Toninho Horta de guitarra, que dispensa comentários. Eu sou um cara muito feliz de ter podido contar com Toninho Horta, no _Caça à raposa_, no _Galos de briga_ e no _Tiro de misericórdia_. É um músico extraordinário, a gente poderia falar horas sobre ele. Esse disco tem esse pessoal fantástico. Aí tem os momentos do samba, como no caso "Incompatibilidade de gênios". Você tem uma cozinha, que você tem aí o Eliseu, você tem o Marçal... Fora os caras que estavam tocando comigo nessa época, que é o Everaldo Ferreira, o Moura e o Chacal, uma cozinha fantástica. E tem o Chico Batera, também tocando numa canção, no "O Cavaleiro e os Moinhos". E esse disco, também, nas canções que têm o regional, tem o Dino Sete Cordas e tem o Neco, de cavaquinho, que é extraordinário. É um disco que tem, assim, um momento muito especial dessa instrumentação. Tem o seu Gilberto d'Ávila, que foi o maior tocador de surdo que eu já vi na minha vida.

Surdo e pandeiro, seu Gilberto d'Ávila, que foi do princípio do Época de Ouro, da primeira leva do Época de Ouro e tudo. E que era arregimentador da RCA. Trabalhava na RCA Victor nessa época. E eu acho que todas essas pessoas atraíram tudo o que é de bom nesse disco. Aí vem o Toots Thielemans dando uma canja e vem a Ângela Maria dando outra canja. Bom, nesse "Incompatibilidade de gênios" é um samba que o Aldir letrou. E era um samba que vinha se repetindo em quadras, e o Aldir resolveu que seriam quatro quadras, e aí letrou o samba. Mas ele tinha uns improvisos no meio, que eu mantenho até hoje. Às vezes eu fazia antes, fazia no meio, tal. Esse samba, o primeiro verso dele diz: "doutor". E Doutor era o cara do repique mais célebre das gravações da época das escolas de samba. Porque o Doutor era um preto ritmista maravilhoso que tocava o repique com o anel, a primeira batida era do anel. E ele fazia o anel no aro, que era um som que só o Doutor tinha. E eu me lembro que a chamada de samba é com ele, porque quando o samba começa eu falo: "Doutor...". Ele faz [imita o som], então ele faz isso com o anel. Então virou uma assinatura do Doutor. Do repique que é o mais célebre desse instrumento de percussão no Rio de Janeiro, criou história, escola e tudo o mais e a palavra Doutor do samba. Então, esse samba já tem uma coisa fantástica aí. E tem o Nelsinho Trombone, que faz um improviso fantástico de trombone, que é uma diversão, uma cosia genial, que vem da música, da gafieira e tudo o mais. Mas você já vê que é um samba que tem a harmonia, já, um pouco jazzística misturando com o negócio do samba, essa letra, obra-prima, do Aldir e mais essa maneira de conduzir o samba com essa instrumentação, dando um clima assim, de uma roda de samba bem descontraída, com o trombone do Nelsinho dando esse tom de gafieira.

"Gol anulado"

Foi uma letra do Aldir que eu musiquei. E Aldir é vascaíno, eu sou flamenguista. E essa letra é problemática, porque ele descobre que a patroa é flamenguista. Porque ele achava sempre que ela fosse vascaína. Mas quando o Zico faz um gol, aí ela começa a vibrar, aí ele descobre que ela não era vascaína. Aí é demais, porque até pra falar do time dele, ele tem um jeito diferente de falar. Mas eu musiquei esse texto do Aldir, essa letra. E ela saiu com uma cara de um samba muito delicada, ela saiu com uma cara de samba mais carioca, mais com cara de Paulinho da Viola. Que é um cara por quem eu tenho uma admiração profunda, uma amizade grande por ele. Há muitos anos que vem essa amizade. Desde a época em que ele morava na rua Mena Barreto. Também é outro vascaíno, mas eu não saía da casa dele, a gente se via muito. E nos fins de semana, às vezes, ele ia jogar futebol e eu ia com ele, acompanhando ele e tudo, lá no Portelão. E esse samba, eu acho que ele tem um pouco desse samba carioca e notadamente desse estilo do Paulinho, que é uma delicadeza. É uma maneira de você falar de uma coisa complicada, que é o negócio do time de futebol, Vasco, Flamengo, que é sempre uma pancadaria, tem sempre uma grosseria... Enfim, mas o Paulinho consegue falar dessas divergências com uma delicadeza que só ele mesmo. Então eu acho que esse samba tem um pouco dessa escola, não é? E talvez esse samba, talvez a minha amizade com o Paulinho tenha surgido dessa atmosfera. E você vê que nesse samba o Luizinho, ele faz um piano tão bonito, né, esse piano. Que o violão, ele não faz harmonia, ele faz uma coisa de escala, né, ele vai tocando o acorde nota por nota. E o Luizinho também faz isso no piano. E é bonito, porque a mão direita dele fica muito aparente assim, na música, como se fosse um contra-canto. E eu acho essa, eu gosto muito de samba. A Elis gravou esse samba depois. Mas eu gosto muito desse samba, porque não é um samba que eu faço sempre, um samba contido. Porque eu sou muito extrovertido, eu enfio o pé na porta. E é cheio de malandragem, de síncope. Esse samba, não, esse samba é contido, ele é poético, ele tem uma melodia muito poética. Mas eu acho que é engraçado, porque no fundo também essa letra, ela tem uma certa decepção na história, não é? Porque a pessoa acha que uma é vascaína, aí descobre... Tem uma certa frustração, uma certa tristeza. Então eu acho que o samba também, ele acompanha essa coisa triste, melancólica do cara descobrir que a pessoa que ele gosta torce pra outro time. Mas é lindo o Luizinho tocando esse samba.

Essa escola a qual o Paulinho pertence, é interessante você ter falado isso com essa música, porque é uma escola muito elegante, do Paulinho, Cartola, o Elton. Tem uma elegância naquela música, e essa delicadeza, também. Já você é pesadão, como na faixa anterior, que é a coisa da cozinha bem pesada mesmo. Você toca com força, com intensidade. Isso é um samba delicado.
É, que às vezes você faz isso não no samba, vai fazer nas baladas, nas canções... O samba, geralmente, você já chega meio já, tomado, não é? Você já fica meio possuído e tal. Mas essa escola do Paulinho, que é a escola do Cartola, que é uma escola de muita elegância, e o samba, ele tem uma, é um samba que você pode cantar de smoking, você pode cantar de *black tie*, que fica bonito, e fica bacana também.

"O cavaleiro e os moinhos"
Essa música também eu fiz antes, e o Aldir letrou. Eu acho que isso vem um pouco daqueles impressionistas europeus, os caras feito Debussy, Ravel, que a gente ouvia. E aí tem um pouco

do "Bolero"... E eu acho a participação do Toninho Horta nessa música fantástica. Ele vai fazendo uma harmonia paralela à minha e vai criando situações novas. Depois tem uma parada quando a música sai desse andamento dramático e vai entrar na coisa latina, do baderneiro, do companheiro. Aí ele faz uma frase de guitarra que é muito preciosa. Que é aquelas coisas do Toninho, que são muito marcantes. Tem compositor, instrumentista que quando faz uma coisa, ela fica muito definida, você não consegue... Aquele solo dele no "Trem Azul" [de Lô Borges e Ronaldo Bastos], aquilo ali, sabe, não dá pra cantar aquela música sem aquele... [cantarola] Nesse disco ele faz algumas assim, sabe, que você depois não consegue mais viver separado daquilo. É a qualidade da criação do músico, né, de um cara feito o Toninho. Excepcional! Compositor excepcional, música excepcional, figura maravilhosa! E nós temos o mesmo dentista lá em Belo Horizonte, e quando eu vou ao dentista eu ligo pra ele e a gente fica falando. Eu da cadeira do dentista, ele inclusive me alivia aquela tensão do dentista e tal. Mas essa guitarra dele no "O cavaleiro e os moinhos" é muito bonita. E o arranjo do Luizinho com as cordas é muito bonito, também, né, porque ele encaixa tudo de maneira tão... as cordas fazendo aquelas quedas quando muda de harmonia é muito bonito.

"Rumbando"

É, isso foi um texto que eu musiquei. Foi uma maluquice isso. O Aldir tem essas coisas fantásticas, porque ele vem, imita, levita, segura. Ele vem criando a sonoridade. Porque o que é bonito no lance do Aldir é isso, ele não se contenta com a poética, com a palavra, com o significado. Ele vem também, com o som, que é uma coisa extraordinária, né, ele vem com tudo. E ele tem isso, imita, levita, segura, cintura, ele vem... Tem uma dinâmica sonora, né? Aí no final ele diz: "as pedras da Cordilheira caíram na cristaleira". Isso é uma coisa genial, né? Se você pensar também. Você pode ficar pensando nesse verso. Eu nem sei o que o Aldir pensou. E nem eu sou louco de perguntar, mas tem aquela coisa que a gente vivia na época. Esse disco é de 1976! Tinha o negócio do Chile, tem a Cordilheira dos Andes, tem uma situação política. Sei lá o que ele pensou. Ele é maluco o suficiente. Mas olha: "as pedras da Cordilheira caíram na cristaleira", eu vou te falar! Cara, é um estrago, é um barulho, é um estrondo, entendeu, é um negócio... É uma coisa assim, não tem nada mais delicado, cristal do que a cristaleira, né? Aí você vê aquele monte de avalanche, de pedra caindo em cima... Olha só o estrago que é isso! Mas ele.. Aí tem um arranjo de metais do Luizinho, genial, que é o negócio da rumba, né? Mas a rumbeira... porque tem aquela, nós temos aquela imagem da rumbeira que é meio empurrada no palco. E ela entra meio sem querer, então entra assim um pouco assustada. Não era a minha hora. Então ela entra olhando pra trás. E ele diz, eu acho, que toda vez que eu leio eu me lembro dessa imagem. Ele diz: "não treme no palco. Estola de pele, cheirinho de talco, mas não treme no palco". Eu acho a definição do artista. O artista é o cara que não treme no palco. Então, e é uma rumba. Eu acho que eu nunca fiz outra rumba. Eu não me lembro de ter feito outra rumba. Eu devo ter feito essa rumba por causa dessa letra. Que ele direcionou, aí na hora de musicar, aí veio a ideia da rumba. Assim como na época eu musiquei o "Cabaré" e era um tango. Aí eu tive que fazer um tango. Então de repente, também, a letra dá a direção do estilo.

"Vida noturna"

Luizinho Eça. Toninho Horta como sempre fazendo coisas incríveis. Isso é um samba-canção, "Vida Noturna". Também uma letra que eu musiquei. E eu tomo muito cuidado na hora de musicar os textos, porque eu não quero... às vezes o texto, ele já tem a música, sabe? Você não pode fazer, não pode passar da medida, sabe? Porque se você for muito, aí aquilo sai da medida, né? Doce de coco é bom, mas na medida, muito enjoa. Eu acho, que quando eu vi essa letra do Aldir que eu fui musicar, eu vi que a letra já continha uma música. Então, eu não podia fazer uma coisa prolixa, assim. Eu não podia ficar doidivanamente fazendo melodias e harmonias. Não, eu deixei a coisa simples, deixei e letra falar por si. Então a melodia é muito simples, tem uma introdução de assovio. Uma coisa... o samb-canção que não quer ser nada mais do que ele é, entendeu? Eu tomo muito cuidado na hora de musicar as coisas, porque às vezes as coisas já vêm com o tom já certo. Então o negócio é não atrapalhar, é interferir o mínimo possível. Então é só pra dizer a letra, como diz o Caetano [Veloso], "só pra dizer e diz" [em "Você é linda"]. Então é só isso.

"O Ronco da cuíca"

Eu acho que essa, pra mim, em termos de ideias, de experiências, de tentações, entendeu? Acho que essa música é uma música que resume tudo assim, nesse disco. Primeiro que é um samba que tem uma letra, onde o som da cuíca se mistura com o som do estômago vazio, que é uma ideia genial. A letra também trabalha com palavras que vão dando um significado além da própria palavra em si. Porque elas vão ganhando sonoridade: "a raiva dá pra parar pra interromper / a fome não dá pra interromper". É a síncope dentro da síncope, da síncope, da síncope. O bordão e o ritmo, vai entrando dentro desse bordão. Então é um acorde só parado e os bordões é que mexem. E o acorde fica dando a sessão rítmica. Então o que acontece? É um samba minimalista, mas ao mesmo tempo ele tem várias coisas; ele tem uma harmonia diferente, porque ela é dissonante, ela não é uma harmonia de acorde perfeito, pelo contrário. Ao mesmo tempo que os bordões estão passeando e a mão direita tá fazendo a sessão rítmica, ela permite muitas experiências. A primeira delas é o seguinte: quer dizer, é um samba minimalista, mas um samba pra frente, um samba que empurra. É um samba que empurra pra frente. E aí eu fiquei pensando que, nesse samba, a gente podia ter uma abertura feito escola de samba. Porque pra mim a coisa que mais empurra pra frente é uma bateria de escola de samba, com seus 200, 250 figurantes. Eu, quando chego ali naquela avenida e escuto aquele aquecimento da escola de samba, eu enlouqueço ali, entendeu? Porque aquilo não existe nada mais pra frente do que aquela batucada de uma bateria de escola de samba.

Aquilo empurra qualquer coisa, né?
É... aquilo escancara, bota no chão, passa por cima. Eu, então, tive essa ideia da gente abrir como a escola de samba. E o samba depois, haveria uma espécie de *fade*, uma espécie de *fade out* no início e o samba viria de baixo já gravado e aí atingiria o primeiro plano aonde estava a bateria, sabe? Como quem diz, o samba também, ele pode ter essa força. E quando a gente copiou naquelas fitas de rolo, a bateria tocando, a gente também, era interessante pegar essa vibração da avenida. Que naquela época não existia nem Sapucaí, ainda era na av. Presidente Antônio Carlos. Então, a gente gravou as pessoas, também, quando a escola vai aquecer, as pessoas recebem com gritaria...

Como foi gravado, João?
Não, isso aí a gente pegou de um profissional que tinha essas fitas de rolo. Ele trabalhava com isso. Era o *sampler* da época. Você pedia assim: eu quero escola de samba e gente na arquibancada de-

lirando. Aí ele trazia. Se ele não tinha as duas coisas juntas, a gente mixava no estúdio como a gente fez e juntava as duas coisas.

O engenheiro de som desse disco produzido pelo Rildo Hora, que produziu todos os meus disco na RCA Victor, era o Luiz Carlos Reis, que a gente chamava de TReis, porque ele tinha um T ponto, mudo. E o Luiz Carlos é um engenheiro fantástico. Ele tinha muita curiosidade de experimentar. Então quando a gente chegava com essas ideias ele adorava, sabe? E aí ele começou a passar, e aí o Rildo também, muito estimulado por tudo isso, ele começou a passar também ali, as cabeças todas pensando por essas equalizações, onde o som entortava e mudava de uma caixa pra outra, e aí se ajeitava. Então isso durou mais de um minuto, nessa música. Tem mais de um minuto disso aí. E é engraçado, porque essa música, quando tudo isso acontece e aí você faz o *fade in*, aí vem já a banda cantando: "roncou, roncou...". Já está tocando. E essa banda é genial, porque é o Pascoal, é o Luizão, tocando pra caramba! Essa cozinha desses músicos fantásticos. Aí a gente estava no estúdio gravando uma sessão de cordas. E naquela época a gente gravava muitas cordas. Então várias sessões de cordas. Mas na última sessão a gente terminou as cordas umas, sei lá, uma hora, duas horas antes do horário previsto. E eu já estava com isso na cabeça. Aí o Luizinho estava no estúdio eu falei: "Luizinho, dá tempo de você escrever esse acorde de Ré menor que eu faço aqui no violão, esse acorde torto, você distribuir pra essas cordas". Porque eu queria que a gente terminasse com uma orquestra de cordas. Porque só faltava isso, porque o samba começa com uma escola de samba, gente gritando, depois vem uma banda tocando um samba meio urbano, meio da cidade. Estão faltando só as cordas. Dá pra você fazer um acorde e fazer um efeito? Ele falou: "agora!". Aí ele escreveu aquele acorde, distribuiu. Você vê que as cordas, elas entram e faz um *crescendo* e some, é só um acorde. Mas no fim tudo isso ficou dentro de um samba só, entendeu? É como se fosse o resumo da ópera. Esse samba, realmente, ele é o resumo da ópera. E vou te contar um detalhe que eu acho genial. Quando eu gravei o *Malabaristas do sinal vermelho*, eu fiz uma música com Francisco Bosco, que é uma música que se chama "Cinema cidade". E o seu Jorge dava uma canja comigo, fazendo o rap dessa música. E eu chamei o Negrália, que eu já conhecia lá do Rappa, já há muito tempo. Eu falei: "Negrália, eu precisava que você fizesse pra mim uns *scratchs*, umas coisas aí nessa música, na entrada dela. Você pode fazer isso pra mim?". Ele falou: "lógico!". Aí eu botei a música lá, seu Jorge falando, dizendo as coisas todas e tal. Eu falei: "bota aqui na introdução", ele falou: "tá legal". Aí ele ficou trabalhando e fez coisas fantásticas no estúdio. Quando ele terminou, que ele estava guardando os vinis na pasta dele, ele falou: você sabe um dos vinis que eu usei aqui nessa música? Eu falei: não. Ele falou: eu usei o *Galos de briga*, "O ronco da cuíca". Aquela abertura do ronco... Quer dizer, anos depois, trinta anos depois quase, um cara vai fazer um *scratch* e ele usa uma faixa de um disco seu. Eu achei isso comovente ele dizer isso, que tinha feito.

Essa mixagem, como eu comentei, é avançada para a época! Porque vocês estão usando um tipo de efeito, *phaser*, que troca as frequências...
Exatamente...

... e que causa essa sensação, difícil de descrever, tem que ouvir. Mas para a época é muito à frente! Estava fazendo uma experimentação lá.
Exatamente, porque nós tínhamos, nós estávamos querendo isso, nós já estávamos sinalizando. Que a gente sentia falta dis-

so, queríamos mexer com isso. E nesse disco acontece em dois momentos, acontece nessa música e acontece no "Gol anulado". Porque no "Gol anulado" eu também quis botar a plateia do Maracanã, com aqueles foguetórios e tudo. E antes da banda entrar, e quando a banda entra, continua uma sobra desse foguetório, de gente falando, que é do estádio. E aí é um contraste, porque... porque isso no futebol tem muito, que é essa euforia do gol anulado, porque você entra com tudo, bandeira, camisa, vamos lá e tal. E às vezes sai derrotado e você tem que enrolar a bandeira, guardar a camisa e tal, e volta pra casa. Então eu acho que esse samba também, no "Gol anulado", tem esse momento que a gente usa esses efeitos de estúdio, que na época a gente sentia falta.

Muitos anos à frente... Como apareceu o convite para a Ângela Maria cantar em "Miss Suéter"?
Eu estava num hotel em Belo Horizonte fazendo um show, e o Aldir era o meu iluminador, no show no Teatro Marília, em Belo Horizonte. E nós estávamos num hotel, e naquele tempo não tinha esse negócio de quarto individual, não, nós ficávamos num mesmo quarto, um quarto de duas camas. A gente dividia quarto. Aí eu estou vendo ele com caderno espiral. Quando ele escreve um troço, sai, vai lá, volta, vai ao banheiro, volta. E o caderno com uma caneta, lá. Aí voltava, escrevia um troço e tal. E eu não estava sabendo que ele estava escrevendo a letra do "Miss Suéter", porque foi uma música que fiz antes. Aí no final, cara, ele veio me mostrar a letra e é engraçado, porque aquela letra — o Aldir é canhoto. Então aquela letra do Aldir, ela é toda de canhoto, né? Aquela letra que cai pra um lado, ela é toda oblíqua, assim, inclinada. Aí ela vem assim e tal. Aí quando chega no final, tem um verso que é uma dedicatória, que é: "...pra que os olhos relembrem quando teu coração infiel esquecer, Mar-

got...". Aí a letra muda aí e passa a ser redondinha, igual a uma normalista, igual a uma estudante de colégio. É como se ele tivesse imitando a letra de uma garota, que tivesse dando um autógrafo. "...pra que os olhos relembrem, quando o teu coração infiel esquecer...", como se ela estivesse dando um autógrafo no seu retrato. Então a letra muda. Nisso aí é que pintou a Ângela Maria, porque a gente falando sobre isso, sobre esse negócio da letra e dessa dedicatória e tudo. Aí a gente chegou à conclusão que se a Ângela topasse gravar isso, ia ser maravilhoso! E a gente convidou a Ângela, e ela topou, e ela fez uma coisa que é uma coisa genial, porque o alcance dessa melodia é muito alto. Quando ela vem, ela vai num lugar aonde ninguém nunca foi. Olha, ela faz uma coisa ali, que é uma coisa de outro mundo. E ela incorpora essa dedicatória, porque ela canta... Ele diz: "...na noite da vitória emocionada entre lágrimas falou...". Aí ela diz: "...nem sempre a minha vida foi tão bela, mas o que passou, passou / dedico esse título a Mamãe que tantos sacrifícios fez / pra que eu chegasse aqui ao apogeu com o auxílio de vocês...". Aí eu entro: "...guardarei para sempre seu retrato de Miss com cetro e coroa...". Que é o retrato que ela dá, que é dedicatória. "... com a dedicatória que ela em letra miúda insistiu em fazer...". Aí ela entra. "... pra que os olhos relembrem..." E ela fala "pra que os olhos o relembrem" — é uma coisa, parece uma estudante falando — "... pra que os olhos os relembrem quando o teu coração infiel esquecer..." Aí ela volta com aquele... Só Ângela Maria, que realmente é a grande estrela do rádio brasileiro e a maior, que tem esse capacidade de chegar naquele tom, naquela nota, é muito alta!

Vamos falar de "Transversal do tempo", que é um superclássico do seu repertório... Vamos comentar essa composição, a gravação, por favor!

Bom, eu gravei, meio blues, esse blues assim, né, no estúdio com o Toninho [Horta]. E o Luizinho estava e essa base aí. E eu cantando sempre na base. Só que o Rildo tinha saído à noite, pra ir a um bar desses aí que rolava um som, e chegou lá ele encontrou o Toots Thieleman. E o Rildo toca harmônica e é um excelente gaitista. E ele é fã do Toots há muitos anos. Então ele encontra o Toots...

Ele estava aqui no Brasil?

Estava aqui fazendo alguma coisa, não se sabe o quê. Parece que ele veio aqui pra fazer essa música. E aí o Rildo se apresenta e diz: "eu sou seu fã, eu também toco gaita", não sei o quê. Aí depois eu fiquei amigo do Toots, e sou até hoje. E o Toots é uma pessoa muito generosa. O Toots é uma espécie de Vinicius de Morais da música instrumental. Ele é europeu, mas morou nos Estados Unidos o tempo todo, ele é belga, se eu não me engano. Mas ele é generoso pra caramba. E acho que o Rildo ficou tão impressionado com a generosidade dele, que o Rildo teve a coragem pra dizer pra ele: "olha, eu estou gravando um cara aí, que eu estou produzindo. Você não quer ir no estúdio dar uma canja?". Aí ele falou: "vou". Aí no outro dia ele foi, e essa música já estava pronta, essa base. Você vê que o Toots, ele não para de tocar desde o primeiro compasse até quando a música acaba, ele não para de tocar. Eu entro, canto, ele sola, ele improvisa, ele faz contracanto, ele não para, ele toca música o tempo inteiro! Que isso é uma coisa difícil pra caramba, Charles! Você sabe disso, porque você tocar com um cara cantando, pra você não interferir, não atrapalhar, tem que ser um cara genial! E ele é um cara genial e ele fez isso! O Luizinho adorou o solo dele, as ideias dele, e falou: vou escrever a orquestra de cordas em cima do que ele tá fazendo. Então você vai ver no disco, nessa faixa, que a orquestra faz coisas que o Toots faz logo em seguida. Ou seja, ela repete o que o Toots fez como se ela soubesse ou como se tivessem tocando juntos. Essa é uma outra habilidade do Luizinho, genial! Então o resultado dessa música é isso aí que você viu. A Elis depois fez até um disco com esse título, *Transversal do tempo*. Mas eu, como você disse, eu adoro essa gravação e, nesse disco, ela tem uma presença como "O ronco da cuíca". Se um tem uma maneira de se apresentar dentro do mundo, do samba, da síncope, da malandragem e da energia, essa música tem no lance do blues e naquilo que deixa a gente com o cotovelo em cima da mesa. Então eu acho e o Toots aí, o Toots, o Luizinho e o Toninho é o seguinte, é uma aula de beleza!

Um time, também, de primeira: você, Luiz Eça, Toots Thieleman e o Toninho Horta!
É aquilo que eu disse: diga-me com quem andas e eu te direi se eu vou.

"Rancho da goiabada". Seu grande amigo Guinga disse que a primeira vez que ele ouviu essa música... Ele ficou emocionado durante muito tempo... Vamos falar sobre ela e também tem um coro aqui, tinha o pessoal do estúdio, porteiro...
Isso já é o Aldir, é ideia do Aldir, né, isso é a cara do Aldir. O Aldir tem essas coisas sensacionais. Nessa gravação aconteceu de tudo. Primeiro fizemos esse rancho, e esse rancho já era uma coisa dos tempos de criança do Aldir, porque ele me contou isso. Que era muito marcante na vida dele, o negócio do rancho, entendeu? Que às vezes desfilavam na Rio Branco, mas depois não

desfilavam mais. Eu não peguei os ranchos desfilando, mas isso era uma coisa do Aldir, da infância, da juventude dele. E quando nós fizemos esse rancho, dessa letra, que é uma obra-prima do Aldir. Ele, nós pensamos logo nesse universo do rancho. Eu sempre fui muito amigo do Radamés [Gnatalli], que gostava muito de "Bijouterias", "...minha pedra é ametista, minha cor o amarelo / mas sou sincero necessito ir urgente...". Ele sempre gostou muito dessa música. E eu conheci o Radamés através do Raphael Rabello. Então eu comecei a ir muito na casa do Radamés e fiquei muito amigo dele. Então tive intimidade com ele pra convidá-lo pra ele fazer esse arranjo do "Rancho da goiabada". E ele não só fez o arranjo, como trouxe alguns músicos pra tocar, como o Luciano Perrone. Você vê que o Luciano, na caixa, ele faz divisões de rancho que são primorosas. Você vê no meio daquela orquestração, tem a caixa da batera, ele fazendo as divisões que não se repetem, cada hora ele faz uma. Que são lindas! E o arranjo do Radamés é primoroso. E o Aldir teve essa ideia. Quando a gente estava gravando isso no estúdio, ele falou: "não, vamos chamar os caras, porque a música é isso!". A música é a música da rua, é a música popular, é o rancho que tá tocando na rua, que as pessoas vão aderindo e vão entrando e vão cantando e participando democraticamente, livremente. Aquelas coisas dele, sem cordão de isolamento, não sei o quê. Então vamos chamar as pessoas que trabalham no estúdio, na gravadora. Aí chamamos o office boy de lá, um outro cara, a telefonista da gravadora, o cara que varria o estúdio não sei onde.

Divulgador, arrumador do estúdio, o técnico, a secretária...
Todo mundo! Convidamos todo mundo pra cantar isso. Inclusive o Aldir e o Rildo, que era o produtor. Aí foi todo mundo pro centro do estúdio naquele microfone e todo mundo cantou o

"Rancho da goiabada".

Várias canções daqui permaneceram no seu repertório?
Obrigatoriamente, "Incompatibilidade de gênios" eu toco sempre, "O ronco da cuíca" eu toco sempre. "Transversal do tempo". O "Rancho" às vezes, porque às vezes tem a pessoa que pede. Aí eu toco, porque às vezes quando a pessoa não pede, você não sabe. Às vezes o roteiro... Porque eu nunca faço roteiro também... Não, eu não faço roteiro de show! Eu sou aquele cara que acredita que uma música puxa outra! Ah, eu vou tocando... a banda já toca muitas músicas, conhece bastante o repertório. Então a gente vai tocando. Às vezes os músicos pedem só pra eu dizer a primeira. Pra não ficar aquele clima, qual é a primeira? Mas fora isso, o tempo todo, mesmo com o Nico [Assumpção] era assim e solo, com o trio, com o quarteto. Eu sempre vou tocando o repertório que vai pintando assim. Uma coisa vai puxando a outra e aí vai, como se puxa uma linha...

Vocês gravavam a base juntos? A base, baixo, bateria, violão, guitarra...
E voz.

A estrutura básica era todo mundo tocando junto?
Todo mundo tocando junto. Sempre foi assim, à exceção do meu primeiro disco. O meu primeiro disco eu tinha saído de Ouro Preto, eu não sabia de nada. E caí em São Paulo num estúdio imenso da RCA Victor. Nunca tinha gravado assim. A única experiência só se resumia num disco de bolso, e era voz e violão. Quando pintou orquestra e não sei o quê e tal e eu não sabia. Aí o Rildo achou melhor eu gravar o violão com orquestra e depois colocar voz. Mas a maior dificuldade da minha vida foi colocar

voz nesse disco. Eu não conseguia entrar, porque eu me sentia, eu não sabia que divisão fazer, porque as minhas divisões todas eu fazia com o violão, quando me tirou o violão eu fiquei perdido, tive muita dificuldade pra colocar voz nesse disco.

Você acha que uma gravação pode ficar melhor quando os músicos estão tocando juntos? Que tipo de vibração imprime quando todos os músicos estão tocando juntos?

Ah, no meu caso eu acho fundamental. Se você não fizer assim, para mim não dá certo. Mas eu acho que é a música que eu faço, porque eu acho que depende do estilo de música, depende da instrumentação. A música de hoje, por exemplo, é o contrário disso. Não dá certo se você fizer ao vivo. Ela precisa dessa máquina, dessa matemática exata, dessa programação. Porque ela precisa disso. Ela precisa do *sync*, ela precisa essa coisa daquele som, do caneco que eles botam pra você tocar syncado no estúdio. Aquele metrônomo, eu não consigo tocar com aquilo. Eu já tentei, mas tira, não dá.

O metrônomo, de certa forma, não cai bem num tipo de música que você faz, num tipo de som que você tem...

Você vai ouvir uma música... você vai ouvir um techno. Aí tudo certo. Aí a música techno, ela precisa disso, porque ela nasce aí, nessa exatidão. Mas o lance que a gente faz, tropical, acústico... Esse som que a gente faz, que eu faço, eu não tenho nada a ver com isso. Eu acho até que você pode usar, como eu já usei até o Negrália. Mas aí ele teve que fazer sem sync, ele teve que tocar, porque não tinha essa guia. Porque eu não consigo, realmente, aquele troço é muito antimusical pra mim. Me incomoda, me traz um desconforto. Eu não sou desse tempo. E tem discos do João Gilberto onde você sente a variação dele, às vezes, com orquestra. Você sente, não na primeira, nem na segunda, mas na décima audição você percebe uma ligeira mudança de andamento que você não sente na música quando você escuta, porque não é pra sentir. Porque a música é isso, a música anda um pouco, espera um pouquinho, vai mais um pouquinho e tal, mas ela faz parte, isso faz parte daquela música. Mas tem discos do João que essa maneira dele andar com a orquestra um pouquinho a mais, um pouquinho a menos depois que você descobre, a música não perde nada com isso, pelo contrário, ela ganha com isso, porque ninguém vai me convencer que aquela gravação que o João faz solo, só de voz e violão, e depois é que você coloca as coisas, não é? Porque é assim. Aquilo é que é uma obra-prima, porque o João é ele e o violão dele. Depois é que você adiciona. Você vai ver no disco *Brasil*, o próprio, faixa "Aquarela do Brasil", o Paulinho da Costa, eu brinco com ele até hoje. Eu falei pro cara: Paulinho, você é um gênio! Porque ele coloca umas tumbadoras da metade da faixa pro fim e depois o próprio *fade* da faixa é o Paulinho com uma tumbadora bem visível. E numa orquestração que ele colocou muito depois. Quer dizer, tudo já estava sem *sync*, sem nada. Quer dizer, eu acho isso uma obra-prima e eu acho que o músico, ele tem essa habilidade de fazer isso. Ele não precisa ficar ouvindo... Pra fazer isso. Não, o cara tem que tocar junto, não é? Tem que tocar, que música às vezes é como se fosse um show ao vivo sem essa coisa do metrônomo, né? Porque eu acho que nem toda música combina com isso.

Concordo plenamente. João, o *Galos de Briga* tem, como a gente já disse, um lado bem delicado, calmo e tem um lado outro seu de pegada mesmo, mais pesada. Você vai da coisa mais delicada, uma bossa, coisa íntima, música de câmara, até quase uma pegada roqueira, vamos dizer assim, porque

toca com força, com atitude. Diante disso como você situaria _Galos de Briga_ dentro da sua obra?

Esse disco é um disco muito importante pra mim e pro Aldir. É um disco de referência pra gente. Eu acho que nesse disco tem um frescor e tem uma juventude, que é uma lição pra gente. Quer dizer, é um disco que às vezes, quando você está meio assim, um pouco desanimado e tudo, aí você bota um "O ronco da cuíca" desses e você fica de pé, entendeu? Eu acho que é um disco que você compartilha com pessoas que são geniais. E você lembrar dessas pessoas, como a gente falou aqui, de todas elas que participam desse disco. Lembrar que você teve a oportunidade de compartilhar a música com essas pessoas. E a vida é isso, você pode, no futuro, pode voltar a compartilhar isso com músicos que você admirar os que vão servir pra você de novo, como referência, como apoio pra você continuar seguindo o negócio da música. É um disco que, realmente, segura a onda, ele segura essa onda. É um disco pra você, de vez em quando, dar uma ouvida, para saber que as coisas podem ser feitas e basta você ter vontade e estar a fim. E é um disco aberto às coisas que estão acontecendo, como a gente falou. Eu acho que isso é que é tudo, né?

E tem essa facilidade, você tem essa facilidade...
É, é um disco que se abre para as perspectivas.

... de incorporar o disco e transformar numa outra. Agora, tem o outro lado que a gente não falou. O disco fez muito sucesso. Vendeu bem, não é?
Vendeu bastante.

A vida deu uma melhorada depois desse tempo aqui? Financeiramente, artisticamente?

Muito... O *Caça à raposa* e o *Galos de briga* são dois discos que venderam muito. Nessa época não existia aquela coisa de disco de ouro, disco de platina, não existia essas coisas. Mas, se existisse, nós teríamos ganho discos assim, de mineral, que eu não sei nem como é o nome deles, porque realmente esse disco vendeu bastante! E foi um disco assim... Tem um disco que as pessoas têm, às vezes você vai fazer shows assim, nos lugares e as pessoas chegam com um vinil do *Caça à Raposa* e do *Galos de Briga*.

É referência, é uma referência.

Que eu acho que, sempre as pessoas estão me falando. Os músicos mesmos me falam do *Galos de Briga*. Eu acho que é um disco que serve como referência, sim.

Você ainda continuou dividindo o quarto com o Aldir [Blanc]? Ou cada um passou a ter o seu quarto?

O Aldir é difícil, porque Aldir não pega avião, para sair tem que ser de automóvel, e tudo é muito, hoje as coisas são muito rápidas. Eu sinto muito a falta dele, assim, acompanhando as viagens, porque ele é um cara muito divertido. Pra mim, ele sabe disso, ele é o melhor contador de história que existe. Se você tem uma história mais ou menos, se você pedir o Aldir pra contar, ela vira a melhor história do mundo! Porque ele sabe como contar uma história. E é uma pessoa que você se diverte muito ao lado dele. Então eu sinto muito assim, às vezes do negócio dele não poder viajar. Enfim, alguns acidentes também, que ele teve, que às vezes ele tem dificuldade de movimentar mais rapidamente, o negócio das pernas e tal. O negócio do acidente de carro. É uma pena, mas a gente viaja muito pelo telefone...**O**

Profissões Liberais.

ETETIVE PARTICULAR RAPHAEL. Informações investigações em geral lir na credenciada sigilo absoluto. R. Dias da Cruz, 48 Gr. 402 Méier RJ Tel. 249-5894.

ESOLVA SEU PROBLEMA SOB LOCAÇÃO: pelo telefone 252 9592. das 16 às 8Hs. Dr. Maynart. t

RETA DO RIO. Projeto e aprovo plantas de casas de luxo especialidade colonial e rústico. 392-3051. Jacarepaguá. t.

ENDE-SE. Apt. abeugrafia semi novo, completo, enredo Instalado e funcionando. Preço 70.000,00. Tr. sábado e domingo ...... 288-8506. Alencar. t.

TÉCNICA FAZ PROJETOS de arquitetura, legalizações, reformas, orç. obra. Tr. teh: 230-8911. t

GALOS DE BRIGA. João e Aldir, finos profissionais, de aparência relativamente boa, calouros por vocação, expõem-se aos gongos da claque média: CLOWNS! Atende-se a domicílio. Tel: 257-7645.

INVESTIGAÇÕES EM GERAL, sigilo e eficiência. Tel.: 228-5191 e recado Det. PAULO.

ALTA COSTURA E MAS p/ senhoras ro Macacão, calças, ve blusas e saias. 952-8944. t

CREME PARAFINEX massagem encontra venda nas Farmáci meopáticas Farias Copacabana, 706 c/ José 74, R. Arquia ros, 253 Méier, demais Drog. e Perf.

VEST. NOIVA vend mq. 42, pouco usc, 1.000.00, ficou por 4 Tel.: 257-5150; 287-97

A NOVIDADE laquê co spray, em 7 core ço brasileira. Av. cabana, 1 313 s/6 287-6848.

GRÁTIS. Ensina-se a lindos coletes, gola sas etc., em pele d lho. Temos também ca. 392-3051.

MANEQUINS. Fazem-s senhoras, sob medid alfaiates e para vitrin Lavradio, 170.

ALIANÇA FRANCESA mica 243-3927; c o metal, Escola 267-8350; Teatro Pir e mad. 255-4334.

Animais e Plantas

INIATURA PINCHER. Vendo lindos filhotes c/ 55 dias. Tratar Tel.: 234-8624.

ENDE-SE BELISS'MAS AMAMBAIAS choronas a preço de ocasião. Tel.: 95-4192. t

ASTOR ALEMÃO FILHOTES. Manto negro. Tr. tel.: 265-5887 e 225-5214. t

ATINHOS PERSA BRANCO. Vende-se. Telefone 255-8600. t

ANARIOS ROLLER. Vendo Rua Intendente Cunha Meneses, 46 cobertura. Tel.: 229-6278.

OBERMANN — Vende-se filhotes ch Antok de Cresisto. Rua Paulo de Azeve-

PINSCHER 1 mês e meio 600,00. Tr. R. Dark de Matos, 223/303. Higienópolis. Tel.: 280-5133. t

DOBBERMANN. vendo dois filhotes, netos de pentacampeão. Ver a Rua Araucária, 150/102. Telefonar marcando 226 3353.

PASTOR ALEMÃO. Da ninhada dos camp. imp. resiam apenas 2 c/ vacina, pedigrée, bom desconto. 265-2321.

DALMATA vendo c/ pedigrée c/ 6 meses. Telefone 42-4203, Petrópolis. Dna. Júlia. Al. Saldanha 184 t

BEAGLE. Filhotes c/ 5 semanas. Pedrigrée 2 500,00 Sábado e domingo. Rua Ri-

---

EMAGRE CLÍNICA DE Rejuvenescimento Celulites, Flacidez finitiva eletrônica Envelhecimento pr tica — Transplant Yoga e Saunas — 4º andar — Tels.

M

ART MASSAGENS. To

Rildo Hora

Como surgiu o convite pra fazer a direção de estúdio?
Eu já tinha feito o primeiro disco do João [*João Bosco*] na RCA, que aliás eu trabalhava lá, desde 1968. Aquele famoso disco com a capa do Scliar, maravilhoso! Tinha texto de Tom Jobim na contracapa, fizemos o *Caça à raposa*. Esse disco maravilhoso, talvez da minha fase com o João, esse seja o disco mais badalado, um disco importantíssimo. Mas eu já vinha no processo, que eu trabalhava com ele já, há uns dois ou três anos.

Por que você acha o disco badaladíssimo? O que que ele tem que toca as pessoas?
Esse disco é importantíssimo, porque teve aqui "O rancho da goiabada", com o arranjo maravilhoso do Maestro Radamés Gnatalli. Teve o "Incompatibilidade de gênios", "O ronco da cuíca", entendeu? Músicas que marcaram muito a trajetória do João e um disco muito bem realizado com capa do Glauco Rodrigues. Aliás essa capa deu o maior problema com a gravadora, porque na época a Ditadura estava rolando e os caras ficaram achando esquisito esse negócio do fundo vermelho. E eu me lembro que

na época eu tive que brigar bastante na RCA, pra que essa capa não fosse recusada. Foi uma vitória minha, profissional.

Voltando pro comecinho da história. Como é que você conheceu o o João?

Eu conheci o João Bosco porque um dia eu fui na casa do Luiz Eça, pra que ele escrevesse dois arranjos pra Jane Duboc, que estava começando carreira. E o Luizinho Eça falou assim: "eu queria te apresentar a um camarada aí que é maravilhoso!" E eu pedi ao Luiz que mandasse o João à minha casa. O João foi até a minha casa, naquela época eu morava na rua Álvaro Ramos, quando ele cantou duas músicas eu falei: "para, para, vou fazer um LP contigo". Porque naquela época o produtor podia dizer assim, vou fazer um LP contigo, porque era mais fácil de quem estava chegando. Hoje em dia não, tem que passar pelo departamento de marketing, ver se o cara é bonito. Antigamente, não, como eu era um produtor com uma certa força na RCA, que eu fazia o disco do Martinho da Vila, Beth Carvalho, Antônio Carlos e Jocafi, que eram discos campeões de venda, Luiz Gonzaga, foi tranquilo. Eu cheguei lá e falei: tem um menino aí de Minas que é maravilhoso e os caras fizeram o trabalho com ele.

E o que que significou exatamente as direções de estúdio nesse disco? Onde terminava a sua responsabilidade pelo resultado do produto final?

A parte de direção de estúdio é a produção. Produzir é fazer a intermediação entre o artista e a gravadora. Isso de que maneira é feito? Conversando sobre o repertório, sobre os arranjadores, todos os assuntos. E eu produzo, o meu jeito de trabalhar é assim; sempre em comum acordo com o artista, porque o artista fique satisfeito. A direção artística naquela época, ficava meio distante, era um cara só, porque ficava ali, praticamente assinava o disco como diretor da gravadora, mas ele praticamente não ia ao estúdio. Era uma coisa natural. Até que o Carlos Guarani deu bastante força pro disco quando saiu, mas ele não participou diretamente da produção. Eu fiz tudo junto com o João e Aldir.

Que força que ele deu no final das contas?
A força que o diretor artístico dá é depois que o "produto" sai. Essa palavra, "produto", é horrorosa. A força é falar bem do disco dentro da empresa e facilitar a divulgação, porque vai mandar o disco pro rádio: "olha, saiu um disco bacana aqui do João Bosco"! Tem aqui "Incompatibilidade de gênios"! E isso os diretores artísticos faziam de uma maneira muito interessante e ajudavam realmente.

Como é que foi a gravação? A gravadora apostava na dupla ou racionou o investimento?
Não, a gravadora apostava na dupla, que o João já vinha do sucesso muito grande com "Kid Cavaquinho", "Mestre-sala dos mares"... E então foi um disco assim; todo ano gravava aquele artista. Vamos supor, eu produzia Martinho da Vila naquele ano um disco, no outro que vem outro. João Bosco já tinha entrado nesse time dos caras que ia gravar o disco. E foi normal, seguiu, e a gravadora estava acreditando que o disco ia dar certo, porque tinha vindo de um grande sucesso do João Bosco, o primeiro aliás, sucesso dele como cantor nas rádios populares, foi "Mestre-sala dos mares". Disco esse que foi assinada a orquestração toda por César Camargo Mariano, grande César Camargo Mariano! Salve César! Bênção!

Os instrumentos, eles são gravados juntos ou separados?
Não, nós seguimos o processo normal de gravação, que é gravar a base. Base é cavaco, violão; disco de samba: cavaco, violão, ritmo, cantor fazendo voz guia. Mas no caso do João Bosco era diferente. O João Bosco já fazia voz na base. E gravava direto cantando e tocando violão, com baixo, bateria, ele no violão e uma vez ou outra um percussionista. E, normalmente, todas as gravações são feitas assim: feita a base, começamos a colocar couro, cordas, sopros, complementos são feitos depois. Mas a base do disco já tinha uma parte final de qualquer gravação, que é a voz definitiva, que João Bosco fazia na hora de fazer a base. O cara é bom mesmo!

Maravilhoso! E o João já trouxe o repertório pronto ou ele completou as músicas?
Toda vez que o João vinha gravar comigo, o repertório vinha semi pronto, porque ele e Aldir tinham muitas músicas. Vamos supor, a gente ia gravar umas 12, ele trazia sempre umas 18. E eu conversava com ele, mas a palavra final realmente ficava sendo a palavra dele, que combinava com o Aldir em casa. Sempre, porque não tinha o que eu falar e recusar música, nada disso. Eram todas muito boas. Era apenas ver o que que era mais apropriada pra aquele momento, daquele disco. Deveria, aliás, fazer o disco com todas que ele trazia, porque eram todas muito boas. Letra e música.

Qual foi a participação do Aldir?
O Aldir era o grande conselheiro e letrista do disco. Ele não costumava ir ao estúdio. Ficava em casa, mas todas as gravações que eram feitas, levava uma cópia pra ele. E ele dava aquela escutada... E não ficava recusando, mandando fazer de novo, mas ele participava dessa maneira. A gente tirava uma cópia, ele ouvia e

no início, na chamada pré-produção, que se fala tanto hoje, antigamente não se falava nisso. No início ele se reunia com o João e o João vinha conversar comigo e trazia as ideias todas. Até de participações de pessoas que iriam cantar no disco, tocar. Eles trocavam ideias, eles já vinham com o samba enredo quase pronto. Eu só ajudava a realizar.

E esse período de ensaios e concepção, ele foi tranquilo, foi demorado? Você lembra dessa fase?
Não rolava período de ensaio. A gente gravava assim, chegava no estúdio com a música e os músicos convidados pra fazerem a gravação. E ensaiava ali. Vamos supor: a gravação era das 15h às 21h. Chegava os músicos, naquele horário brasileiro das 15h começavam a chegar os músicos. Começava às 16h, às 17h30 as músicas já estavam ensaiadas, já tinham cantado várias vezes e tal. E a gente gravava e ficava pronto. É assim que se faz. Inclusive até hoje. Alguns artistas, principalmente agora quando vão fazer DVD, costumam fazer ensaios fora do estúdio. Creio que o pessoal de rock 'n roll faça muito isso, que é ensaio. Mas geralmente em MPB e samba, não, é na hora. Não é que chega e vai gravando logo. Dá aquela ensaiada, às vezes duas horas, três horas e grava. Foi assim que trabalhamos.

Em 1976 tudo tinha que passar pela Censura, teve algum problema com alguma faixa?
Teve. Sempre tinha problema com a Censura com as músicas do João e do Aldir. Mas nós temos um amigo, Genilson Barbosa, que trabalhava na RCA. Ele costumava chegar lá na Censura, subornava o fiscal, dizia: "não, isso não é nada!" Teve até um caso engraçado. A música "O ronco da cuíca", ela está aqui. Essa música chamava-se "Roncou, roncou". Aí foi vetada. A Censura: "não,

não pode, vetada". Eles mudaram de título, "ronca ronca", sei lá, foram botando títulos. Até que alguém, não me lembro quem teve a ideia de botar "O ronco da cuíca". Botou "o" na frente e aí passou, porque ela saiu da letra "R" e foi pra letra "O" e passou sem mexer em nenhuma palavra. Coisas da militância socialista da época que tentava iludir os homens verdes.

Teve alguma preferência do João Bosco por detalhes técnicos, como a marca do microfone ou tipo da amplificação?
Característica da gravação é aquela gravação muito informal. Porque o João chegava com as harmonias prontas, ele toca sempre do mesmo jeito. O João não muda. Ele canta a música, se cantar trinta, quarenta vezes, é igual. É muito normal qualquer cantor que toca violão fazer um acordezinho diferente. O João já chegava com isso definido. Então a gente ensaiava e gravava. Quanto ao negócio de marca de microfone, predileção, a gente não se metia nessa parte, porque ficava por conta do nosso engenheiro de som, o Luiz Carlos T. Reis, um dos melhores do Brasil e ele sempre cuidou muito bem dessa parte.

Quem arregimentou os músicos?
Quem arregimentou os músicos foi o seu Gilberto d'Ávila, que era o arregimentador da RCA. Famoso pandeirista de Jacob do Bandolim, seu Gilberto d'Ávila! Gravou aquele disco famoso, *Vibrações* do Jacob! E a gente dizia: "Gilberto, chama fulano, chama o Dino no violão, chama Neco no cavaquinho, Toninho Horta". A gente dava a lista pra ele, isso tudo de comum acordo. Eu conversava com o João, que por sua vez conversava em casa com Aldir. Quem vai tocar, quem escalava o time era a comissão técnica: João Bosco, Aldir, eu e seu Gilberto chamava o pessoal, aliás muito bem.

A gente podia fazer uma espécie de ficha técnica. Você falava das pessoas e as funções...

Todo mundo que tocou, tenho a ficha técnica. Hoje em dia quando sai o CD, eles não colocam mais os nomes dos músicos, das pessoas que tocaram, né? Isso já vem acontecendo há muito tempo. Inclusive no exterior. Eu estive nos Estados Unidos recentemente, peguei um disco produzido por mim, estava lá só o disco com as músicas. Mas no tempo do LP, não, a gente fazia a capa, a contracapa. Tinha esse encarte aqui com todas as informações. Mas o disco de compilação, esses discos de relançamento, eu dou até uma certa razão a indústria. Eles fazem sem encarte, sem nada, pra baixar os custos pra poder vender o disco mais barato, por causa da pirataria. Bom, mas não vamos entrar nesse assunto. Vamos dizer quem trabalhou no disco. Arranjos e regência, e piano Luiz Eça. Nosso querido e amado Luizinho Eça. Bateria, Pascoal Meirelles; contrabaixo, Luizão Maia; guitarra, Toninho Horta; percussão, Everaldo, Moura e Chacal. Voz e violão, João Bosco. Cozinha de samba, Gilberto, seu Gilberto d'Ávila, Marçal, Eliseu. Olha que time, hein! Doutor, Doutor do repique de anel, Everaldo e Zeca da Cuíca. Na harmônica, Toots Thielemans, meu querido amigo Toots Thielemans. Depois eu vou falar sobre ele. Violão de 7 cordas, Dino; cavaquinho, Neco; trombone, Maestro Nelsinho; que fez aquele solo maravilhoso do "Incompatibilidade de gênios". Guitarra portuguesa pro "Galos de briga", fomos buscar o gajo Manuel Ferreira, que era um guitarrista português, que trabalhava muito naquelas casas que vendem bacalhau e vinho, cantando o fado. "Agora, silêncio que vamos cantar o fado", aí o seu Manoel, como não podia deixar de ser, seu Manoel Ferreira compareceu. O violão, Leonardo Vilar e outro vilão, violão baixo, Carlos Silva e Souza, são violões de complementos, porque o violão principal do disco era João. Baixo, contrabaixo,

Wagner Dias; percussão, Chico Batera; arranjo do "Rancho da goiabada", Radamés Gnatalli, com regência de Alceu Bochino. Pratos e castanholas, Barão; bombo, Gilberto d'Ávila, porque tem surdo e tem bombo. Gilberto tocou os dois. Trompetes, aqui está escrito pistões, porque o rapaz da época pensava que era pistão, mas é melhor dizer trompete. Formiga era alto e Hamilton, trombones. Manoel Araújo, irmão de Severino Araújo, João Luiz e Azevedo. Clarinete, Netinho; sax tenor Biju; bombardino, Luiz Antônio Ferreira; tuba Ênio. Aizik Gueler, que era o arregimentador de cordas e tendo como *spalla* Giancarlo Pareschi. Agora, teve um coro especial que cantou o "Rancho da goiabada", nós gravamos o "Rancho da goiabada" e chamamos todo mundo pra fazer um canto. Assim... fazer uma brincadeira com a Ditadura. "... os boias-frias..." [canta]. Aí esse coro foi todo mundo. Nesse dia o Aldir foi no estúdio. Aldir Blanc letrista. E ele foi lá e cantou todo mundo. Juntamos mais gente ainda, todo mundo que estava por lá entrou e cantou, "...os boias-frias quando tomam..." [canta].

Nossa se a gente fosse falar sobre cada um deles! Imagina, tem muita gente!

Ah, o disco do João Bosco sempre foi assim, gravado com gente muito importante. João Bosco tem paixão pelo Toninho Horta. Aliás, quem não tem, aquela guitarra maravilhosa, aquela mão esquerda. Porque a mão esquerda é a mão da inteligência, a mão direita é a mão do virtuosismo. Então Toninho, na minha opinião, tem a melhor mão esquerda do Brasil. É pra falar do João Bosco, mas eu estou falando aqui que eu acho isso.

Como músico e com passagem pelo repertório da Bossa Nova, qual a definição que você tem pro violão do João Bos-

co? Ele faz uma comparação que tende mais pro estilo de qual Gilberto? O Gil ou do João?

O violão do João Bosco é uma orquestra. Eu já fui cantor, compositor e tem o time dos cantadores no Brasil. Pessoal que canta e toca vilão, né? Quem começa a carreira canta e toca violão. Eu acho que o João é o melhor cantor que toca violão do Brasil, de todos os tempos. É incrível o que ele faz harmônica e ritmicamente, o entrosamento da voz com que está sendo tocado. Tanto que durante muitos anos o João se apresentou e ainda faz isso até hoje, cantando somente com o violão. Porque o violão do João é uma orquestra. Cheia de contrapontos, harmonias lindas. Pra mim ele é o número um nesse campo.

Como compositor, como você situa o autor João Bosco e seu engate preciso com as letras complexas do Aldir?

O João Bosco faz bem uma melodia e manda para o letrista. A melodia dele é incrível. Mas ele é capaz, também, de musicar um poema e você não notar que foi um poema musicado. Ele é uma pessoa de muito bom gosto, de harmonias incríveis e melodias muito ricas, influenciadas por todas essas coisas que são seus valores culturais; as coisas da África, as coisas do mundo, João Bosco é um cara sensacional. Um dos maiores compositores desse país. E o Aldir, então, aquele letrista, dez!

Por que que foi convocado o Thilemans, já que você também é gaitista com mestrado em instrumento?

Eu convoquei o Toots Thilemans pra fazer a gaita no disco do João Bosco, embora seja eu um gaitista, porque naquela época eu estava fazendo 40 anos e eu tinha o hábito de escrever para o Toots. Quem fez esse contato pra mim foi o Maurício Einhorn, grande gaitista brasileiro que todo mundo sabe. E eu me lembro que nessa época quando fui convidar o Toots, ele estava no Brasil de passagem. Fomos até lá numa boate que ele estava tocando. Quando disseram pra ele que eu estava fazendo 40 anos, ele pegou e tocou "Parabéns pra você" na gaita pra mim. E eu pedi a ele que fosse tocar no disco João. Ele foi lá, levou a gaitinha, tocou e sinceramente ele fez muito melhor do que eu faria, porque ele é o maior do mundo! Toots Thilerman é Toots Thilerman, eu sou Rildo Hora.

"Rancho da goiabada", "O ronco da cuíca" e "Incompatibilidade de gênios" já soavam como clássicos instantâneos, quando vocês estavam gravando?

Não, a gente não tinha a previsão assim, o que que ia acontecer. Eu achava que "Incompatibilidade de gênios" era uma música que ia ser tocada no rádio, que era muito popular. Mas essas outras, como todo conjunto da obra do João, elas foram gravadas pra fazerem parte de um projeto bonito, cultural. E aí o sucesso aconteceu naturalmente, mas não foi nada premeditado.

Eu queria que você falasse um pouquinho melódica e harmonicamente dessas três músicas: "Rancho da goiabada", "O ronco da cuíca" e "Incompatibilidade de gênios".

O "Rancho da goiabada" é uma marcha rancho, meio dobrado, que te lembram aquelas bandas do interior. Por isso teve um arranjo especial do maestro Radamés Gnatalli. Que o Luizinho Eça fez todo o disco, menos essa faixa, o "Rancho da goiabada". É uma marcha-rancho assim misturada com dobrado maravilhosa. Bem própria para a época que a gente estava vivendo.

Por que?

Bem própria por causa da letra do Aldir, que estava falando dos boias-frias quando tomam umas biritas e tal. A gente sempre que podia dava uma sacaneada na Ditadura. A prova era essa capa aqui. É brincadeira isso? Uma espora com fundo vermelho. Glauco Rodrigues. "O ronco da cuíca" é um samba riquíssimo, porque ele é um samba que fica praticamente num acorde, no início, mas dá vontade de mudar de acorde, mas o João não muda. E é aí que está a riqueza dele. Fica naquele acorde menor, na tônica e a melodia vai, vai, vai, um samba muito alegre. E que tem uma letra irônica maravilhosa do Aldir. E qual é a outra música mesmo?

"Incompatibilidade de gênios."
"Incompatibilidade de gênios". In-compatibilidade de gênios... a palavra dele já derrubou muita gente. Vou falar mais depressa. Depende muito que tem esse aqui nos encartes dos CDs, você vê que no DVD já não sai mais nada. Sai só... você leva o DVD, escreve e toma dentro. E é melhor não falar sobre isso, isso é um processo natural da evolução da humanidade.

Mas a gente poderia falar sobre este encarte?
Esse encarte é maravilhoso, como todos os encartes que a gente fazia na época. As capas eram todas feitas com esse critério. Mas eu estava falando da "Incompatibilidade de gênios". "Incompatibilidade de gênios" é o maior barato! É um negócio bem carioca, né? [canta] "... doutor, jogava o Flamengo e eu queria escutar..." a mulher "mudou de estação começou a cantar / tem mais / um cisco no olho ela em vez de assoprar / sem dó / falou que por ela eu podia cegar.." E "coou o café na calça", aquele negócio do Aldir que é uma maravilha! Ninguém fazia isso melhor que ele. E é uma melodia muito bacana do João Bosco, pra frente! Mas é uma melodia curta. Então o que é que foi feito? De estrofe em estrofe ia mudando o clima. Entravam outros instrumentos e vai, vai, até que no final pra consagrar entrou o contrabaixo do Luizão Maia e

terminou a faixa dizendo ... "sonhando comigo mandou eu jogar / no burro / e deu na cabeça a centena e o milhar" A mulher sonhou com ele, jogou no burro e deu na cabeça a centena e o milhar. Olha só que coisa interessante, o final da música vem no crescendo, quando entrou o baixo do Luizão Maia, a mulher sonhando comigo, "mandou eu jogar / no burro / e deu na cabeça a centena e o milhar". Aí o cara queria morrer. Então era isso. "Incompatibilidade de gênios", uma música bem carioca, maravilhosa, feita por dois caras geniais, Aldir Blanc e João Bosco. Olhe só, isso não tem mais hoje. Primeiro isso é muito diferente. Aliás isso aqui tem vantagem em tudo, porque isso aqui era difícil piratear, porque o pirata não tinha como fazer. Agora CD todo mundo faz, né? Então você podia fazer uma arte de gráfica dessa com o Glauco Rodrigues. Uma contracapa maravilhosa, aqui os dois no centro da cidade. Olha que beleza! E ainda tinha o encarte que botava as letras grandes, assim. Colocava foto de contracapa. Os dois jogando sinuca. Aldir aqui novinho, mas já inaugurando uma careca e tal. Desculpa, hein Aldir! Aqui o negativo dos dois. Por que o negativo? Pra fazer uma ironia com o negócio da Ditadura e tal. Anuncio de jornal, olha lá: "Galos de briga". Aqui grifado: "João e Aldir finos profissionais de aparência relativamente boa. Calouros por vocação, expõem-se aos gongos da classe média... Atende-se a domicílio". Essa notícia aqui, tudo pra mexer com os milicos, né? Aliás isso eles faziam bem demais. E eu também colaborava, porque eu também gostava de sacanear os homens. É isso.

Em que medida os negativos tinham a ver com a Ditadura?
É uma interpretação minha, eu não sei nem se eles pensaram nisso. Porque antigamente quando fichavam o cara tinha aqueles negócios... não sei se foi isso. Eu falei isso aqui, minha opinião nesse momento. A direção de arte desse disco foi feita pelo Ney

Távora, mas toda concepção artística, a capa, foi Glauco Rodrigues. Olha só que time: Glauco Rodrigues, João Bosco, Aldir Blanc, Luizinho Eça. Eu não sei nem o que que eu estava fazendo ali, era o produtor, mas no meio desses caras. Quem está num time com Pelé, Maradona, todo mundo jogando junto, só pode dar o quê? Dá é *Galos de briga*. Que é esse disco sensacional do João Bosco que eu me orgulho muito de ter colaborado com ele.

Como que foi a participação da Ângela Maria em "Miss Suéter"? Ela entendeu logo o espírito da coisa?

Isso é ideia do João e do Aldir. Eles chegaram com essa ideia lá. O João chegou com a ideia. Eu achei ótimo eles convidarem a Ângela Maria. Aí foi sensacional, pelo seguinte, porque o tom estava alto. Mas a mulher chegou lá, eu falei: "ô João será que ela chegou lá?" Ela fez aquela boca que usa... Bacana, afinou com muita paciência e curtindo muito estar fazendo aquilo, que é uma cantora popular, era uma das favoritas de João e Aldir. Eles foram criados ouvindo Ângela Maria cantar. Quem não foi naquela época, aquela voz maravilhosa! E a gravação ficou muito interessante, mas o tom estava um pouquinho alto pra ela. Ela foi no sacrifício, mas chegou lá. Que bom, né?

Qual a importância da obra do Bosco e do Aldir na MPB?

João e Aldir são uns caras especiais. Têm um lugar cativo ali entre os craques. Num time de dez, eles estão. João Bosco e Aldir Blanc. E esse disco, *Galos de briga*, eu acho ele uma coisa muito forte na carreira do João, que foi assim, disco praticamente definitivo. Ele tinha feito três antes. Esse aqui chegou, *pá*, os caras são esses, vieram pra ficar. É isso. Esse disco é sensacional. João e Aldir estão na história do Brasil como um dos melhores. Craques mesmo, craques de bola.◉

Guinga

Guinga, conta pra gente: quando foi a primeira vez que você ouviu João Bosco?

Primeira vez que eu ouvi João Bosco foi de tabela. Eu estava na casa do doutor Aluízio Porto Carreiro, que foi um homem muito importante dentro do movimento artístico universitário. Em 1969, desde 67, 68, havia umas reuniões na casa do doutor Aloísio. Pra exemplificar melhor, o doutor Aluízio era o sogro do Gonzaguinha. Gonzaguinha casou com a Ângela, mãe do Daniel Gonzaga. E ele fazia umas reuniões onde lá frequentava Aldir Blanc e Silvio da Silva Junior, Cesar Costa Filho, Ronaldo Monteiro, Ivan Lins e tantos compositores que vieram marcar a música brasileira. Um dia Paulo Emílio Costa Leite, grande compositor, parceiro do João também, amigo do Aldir Blanc, um grande letrista, chegou e começou a tocar. Eu digo: "o que que é isso?" aí ele disse: "isso aqui é do João Bosco, um cara que tá chegando aí, um gênio. Vocês anotem." Aí ele tocou. Foi a primeira vez que eu ouvi falar de João Bosco. E logo depois veio aquele disco que tinha *Águas de março* de um lado, João Bosco do outro, foi lançado em alto nível pra música brasileira, mas o impacto foi violento. Agora a primeira que marcou violentamente foi "Bala com bala".

Por que te marcou?

Porque eu não entendi nada, até hoje eu não consigo entender aquela divisão.

É? O que que tem de especial assim?

É um negócio muito original... eu não consigo entender aquela divisão até hoje. Até hoje eu tento cantar. Eu não sei onde é que o cara foi arrumar essa divisão. É coisa de João Bosco. E como o Aldir Blanc conseguiu, eu não digo nem letrar, colocar as legendas nessa música. Porque a coisa entra tão firmemente, que a parceria deles não é João Bosco e Aldir, vira uma terceira pessoa. Eles são como uma solução de água com açúcar. Se dilui e forma uma terceira coisa. É uma coisa impressionante.

Então nesse momento que você ouviu essa composição que você acabou de descrever pra gente, o que te impressionou mais assim, porque tem a composição que você já disse, mas tem a pegada do João, que só ele tem, eu já falei isso pra ele: só ele tem esse som na mão dele.

Aquele violão só ele toca. É um negócio estranho, porque tem um mouro ali dentro. Mora um mouro dentro dele e ele é descendente de libaneses, se eu não me engano. Tem o negócio do Brasil, tem o negócio do mineiro. E tem Rio de Janeiro, tem morro, tem esquina, tem encruzilhada, tem tudo. É um violão altamente rítmico, que só ele consegue reproduzir aquilo. Quem tenta fazer não chega próximo. É uma marca do João, aquela pegada, aquela coisa, aquela neura que ele tem que passa pra música. É uma maneira bacana de se jogar determinadas coisas que nos afligem e que viram arte. E, também não só ritmicamente, mas a harmonia é muito bem feita. É como se morasse ali dentro um blues. Como se o cara fosse um bluezeiro, rapaz! Imagina o homem na beira do Mississipi tocando aquilo da maneira dele. Um coroa sem dente, com a voz rouca, morando mal, vivendo mal e com a alma de blues. Ele tem um bluezeiro dentro da alma dele, também tem um roqueiro. Quando ele faz o "Linha de passe", mora um Elvis Presley ali. Eu não sou um profundo conhecedor do rock, mas você pode explicar isso melhor. Você como um homem, que é um emblema dentro do rock... super da área.

Eu estou pensando num detalhe que você falou antes, agora, que é onde está a coisa árabe do João. Você acha que está na maneira de tocar, mas também está na harmonia, nas escalas que ele escolhe...?

Olha, Charles, sinceramente, vou falar pra você o que o meu coração sente. Tá no impalpável. Eu acho que nem ele sabe explicar. É como se fosse uma ancestralidade, que vira uma convergência daquilo. Você é um eleito. João é um homem eleito, é um iniciado. A música dele, é música de iniciado. Isso é bom sinalizar quem tem bagagem... Então é isso, ele é um iniciado. Se ele for querer se explicar, ele não vai saber se explicar. Eu digo isso, porque sou amigo dele. Sou admirador e amigo. Então ele mesmo não vai conseguir se definir. Eu acho que é difícil. Você como artista mesmo, se alguém pedir: "Charles, se defina". É mais fácil você definhar, do que se definir. Porque se definir é muito difícil. É mais fácil a gente falar do outro. Estamos aqui falando do outro e mesmo assim não está fácil pra mim, porque é falar de uma coisa muito original. Esse é o grande lance do João. Além do artista que ele é, do grande melodista, grande ritmo, mas é de uma originalidade tremenda. É matriz. A partir de João Bosco, outros Joões virão.

Você está sem o violão aqui, mas de qualquer forma dá pra estabelecer algumas comparações entre seu jeito de tocar, o seu estilo e o dele?

No DVD do João eu até participo como convidado. É uma honra muito grande eu ser um dos convidados junto com o Djavan, com Hamilton de Holanda e Yamandú Costa. E ele me entregou uma música e disse: "Guinga, essa música é tua. Tu que vai conceber, quero fazer contigo. Uma coisa meio blues. Música chamada 'Saída de emergência' ".

Foi a primeira que vocês fizeram?

Eu fiz só essa no DVD com ele. "Saída de Emergência", eu não sei se é dele com Renó. Agora desculpe-me, com Wally Salomão... Não, acho que com Antônio Cícero. [A canção é assinada por João Bosco, Wally Salomão e Antônio Cícero]

Quando foi a primeira vez que você tocou com ele?

No palco foi a única vez que nós subimos juntos, mas na casa dele a gente toca muito. De vez em quando eu vou pra casa dele e nós ficamos horas tocando a mesma música. Já ficamos cinco horas tocando a mesma música. Porque ele é obsessivo e eu também sou. Ficamos na mesma música. Aí ele me entregou essa música e eu fiz a introdução. Bom, no dia da gravação do DVD, João é muito louco, né? A banda do João, Kiko, o Freitas, gênio da bateria, o Nelsinho na guitarra, que é um improvisador fantástico, um gênio da guitarra e Ney Conceição no contrabaixo, que é outro monstro do improviso. Aí eu sei que eu estou muito bem ali fazendo a minha parte, quando de repente João entregou e disse: "vai". E largou, fez o acompanhamento e eu virei o improvisador, que é uma coisa que eu não sei fazer, improvisar. Mas como ele disse "vai", eu fui. E fui e até hoje eu não tive coragem de ver esse momento em que eu faço umas notas ali, de improviso. Devo dizer a você, sem falsa modéstia, que as pessoas que viram disseram: "muito bacana! Ficaram bonitas as notas que você fez!" Até Zé Nogueira, saxofonista que eu respeito muito disse: "ficou lindo!" Mas eu não tenho coragem. Eu vejo o DVD até o momento, mas quando ele me chama, depois eu viro a cara pro outro lado, porque eu acho que eu estraguei a música do João.

Tem um casamento muito feliz entre o João e o Aldir. Queria que você comentasse um pouco as letras do Aldir, assim, especificasse algumas, se for possível decidir, você pode olhar aqui o *set list*. Alguma coisa que você se lembra, que você possa destacar...

Bom, aqui eu já vejo "Gol anulado". Aldir é vascaíno doente, assim como eu. Eu sou vascaíno doente e João, flamenguista doente. Então você imagina um flamenguista fazendo parceria com vascaíno. Mas funciona muito bem, tanto que a grande parceria do Aldir é João Bosco. Se você tiver que dizer na carreira do Aldir quem é um grande parceiro do Aldir? Inegavelmente é João Bosco. É porque isso passou para a música brasileira assim como Tom Jobim e Vinicius de Moraes, como Chico Buarque e Edu Lobo, como Ary Barroso e Luiz Peixoto, e por aí vamos. "Gol Anulado" é um exemplo, "O ronco da cuíca" e tantas outras. A obra deles quase toda é sucesso, impressionante! Só Elis Regina, se eu não me engano, gravou vinte e tantas canções da dupla. Você já imaginou o que que isso representa? A Elis gravou uma música minha só, Charles, e eu já me considero imortalizado. Uma parceria minha com Paulo César Pinheiro ["Bolero de Satã"]. E você imagina o que que é ter vinte e três canções gravadas pela Elis. Me parece que matematicamente ela só gravou mais Tom Jobim. Depois disso é João e Aldir. Só isso aí é definitivo na carreira de um artista. Bom, eles tiveram, digamos assim, um momento... um intervalo entre o primeiro e segundo tempo em que eles tiveram alguns anos sem compor juntos. Voltaram agora há alguns anos. E com certeza com a mesma força, porque o que eu acho que a única coisa que não é ruim na velhice é o fato de que o artista consegue lutar contra o tempo. Como? Se manifestando. Conheço grandes artistas que com a idade avançada continuaram geniais. Tom Jobim é um exemplo disso, Pixinguinha é outro exemplo. Leonardo Bernstein é outro, e tantos que envelheceram fazendo maravilhas. Essa dupla aqui, o tempo não conseguiu corroer a arte. Pode corroer a matéria, mas a arte, não.

Interessante que você está falando isso, porque o João transmite uma sensação mesmo de jovialidade, né?
Total e Aldir, também. João é um garoto!

Você acha que é a música que preserva o João assim? E todos os músicos?
Eu acho. Eu acho, Charles, que isso é válido até pra gente. Você disse: "pô, Guinga, tu não parece a idade que tem". Eu tenho quase 60. Você é um garoto, a gente olha você fisicamente. Você falou que está com quarenta e tanto. A arte, ela tem isso, você olhava o Picasso, o próprio Salvador Dali, o Hemingway. Você vendo o Hemingway é quase um pescador! Piazzolla, o prazer do Piazzolla era pescar em alto mar. Você vê que a arte, é como se ela te impulsionasse. Hoje eu estava conversando com um amigo meu, um produtor italiano que estava aqui no Brasil. Está indo embora. Ele vem sempre, Max de Tomasi. A gente estava falando sobre isso. Envelhecer assim, lógico! Mas pro artista o tempo pros homens não existe, porque ele trabalha com o atemporal. Ele quer ficar, ele quer permanecer. Então não tem tempo pra trás, nem pra frente. Pra arte não existe isso. A gente chega agora e vê a *Pietá*, se emociona com a *Pietá*. A gente fala em Leonardo da Vinci,

como se ele tivesse aqui. A gente fala do velho Noel, como se ele tivesse com 100 anos, quando na realidade ele morreu com 27. O velho Noel podia ser meu filho, podia ser seu filho. Você já parou pra pensar nisso? Então a arte não envelhece. A gente vai embora, a gente vira cinza, vira não sei o quê. Isso é o de menos. Esse veículo aqui é um veículo, mas o que a gente consegue transformar é o que é importante.

Quando você pensou em fazer música para o João? Conta um pouco de como pintou.

Olha, eu conheci o João lá atrás. Eu ainda não tinha música gravada. Em 1971, João tinha sido pouquíssimo gravado, aí uma vez Hermínio Belo de Carvalho disse: "eu quero fazer um encontro com vocês dois". E nos colocou frente a frente na casa dele. Tem que dar um crédito ao Hermínio. Hermínio era um visionário, ele já via no João o gênio que o João é. Sei lá e em mim, também algum talento. E nós tocamos a noite inteira. Um tocava pro outro, o violão passava de mão em mão. E eu me lembro que ele tocou uma música chamada "Bodas de prata". Isso ficou na minha cabeça até hoje. Isso são passados, Charles, eu tinha 21, estou com 58. 37 anos e a frase ainda bate no meu ouvido: "Zé Maria é o tempo te comendo feito traça". E a melodia é cromática nesse momento. Maravilhosa! A letra e a melodia. Como também em "Siameses", que é um exemplo da dupla... Se eu for falar dessa dupla, eu não vou parar. Eu sou fã número um da dupla. E diria até que eu sou um descendente de um João Bosco, porque eu fui fazer música com Aldir Blanc nesse interregno, nesse momento em que João e Aldir estavam parados. Não como substituto do João, longe disso, porque ninguém conseguiria substituir João, mas abriu uma outra vertente na vida de Aldir. E até hoje sou parceiro dele e eu me emociono muito ao falar de Aldir, porque Aldir pra mim, na minha vida, ele funciona como parceiro, como psiquiatra e como conseguir fazer a ressurreição de um cara que já estava morto. Eu já me considerava morto com a música brasileira, eu tinha trinta e poucos anos, quando Aldir me redescobriu. Ele disse: "eu vou tirar você de dentro do consultório". Pra quem não sabe, eu fui dentista por quase 30 anos.

É engraçado isso. Isso que você falou do Aldir, Guinga, explica pra gente. Te resgatar assim, a sensibilidade que ele tem pra despertar o talento que você tem, mas que naquele momento não estava usando ou estava ocupado com outro assunto na tua vida...

Estava hibernado... estava compondo em casa, botando na gaveta. Era parceiro do Paulo César Pinheiro, mas queria ter uma outra experiência. Como o homem que conheceu uma mulher e que sente necessidade de conhecer uma outra mulher. E aí apareceu essa outra esposa na minha vida. Na realidade eu, em termos de parceria, a primeira fase da minha obra toda está na mão de Paulo César Pinheiro, e a segunda fase toda na mão de Aldir Blanc. Eu tenho incursões com outros parceiros, mas também não estou aqui pra falar de mim, estou aqui pra falar do Aldir. Aldir é um visionário, tem olho clínico. Não é à toa que ele é médico e psiquiatra. Ele me olhou, hoje em dia eu vejo, já passados vinte anos. Ele me olhou e disse, "esse cara está com a autoestima baixa". Eu toquei pra ele muitas músicas e ele se emocionou muito. Ele disse: "por favor, me dê tudo que você tiver, ideias, trechos de música, pedaços, pensamentos, coisas acabadas. Me dê tudo que você achar que você tem de música, entregue pra mim que eu quero letrar". Nós, em um ano, fizemos quase 40 músicas. Ele me botou pra trabalhar igual a um louco! Foi o ano que eu mais trabalhei na minha vida como compositor. Pô, eu que hoje em dia componho, por ano, umas 4 ou 5 músicas. Eu nem imagino que, em um ano, eu tenha feito tantas Não, isso foi uma aberração. E foi um negócio que explodiu na minha vida e ele disse: "agora você vai gravar o seu primeiro disco. Você tem que registrar isso em disco". Então a importância do Aldir na minha vida, não só dele, como do Ivan Lins, do João Bosco, Paulinho Albuquerque, do Vitor Martins, do Herbert de Souza, o Betinho, falecido Betinho, do Chico Buarque de Holanda, Carlinhos Vergueiro, tantas pessoas que me ajudaram, Moacir Luz. Eles fizeram uma espécie de mutirão. E foi aí que eu passei a ter contato mais íntimo ainda com a obra de Aldir e João. Porque eu dizia: "meu Deus, eu tenho que ouvir isso como fã, não posso ouvir como compositor, porque se não vou me assustar e não vou conseguir estabelecer uma parceria com o Aldir". Você já imaginou carregar o peso disso aqui? Não dá! Eu digo: "não, pega esse fardo joga no chão, vamos tentar construir outro negócio". Porque é uma parceria densa, profunda, popular e feita de clássicos. Quase tudo é sucesso, quase tudo veio pra ficar. Se você for eleger as mil músicas do século, certamente quase todas as parcerias de Aldir Blanc e João Bosco estarão. Dois gênios. Em suma, pra definir esses caras a gente ia ter que gravar vários programas e não íamos conseguir, são dois gênios.

Voltando pro João um pouco. Nomeia pra gente aqui as músicas que vocês fizeram. Fala um pouco disso. Vocês sentaram juntos? Como é que é a dinâmica de vocês? Como é que é a química de vocês?
A gente sai tocando. Quando eu vou pra casa do João... Pô, o João tem 200 mil violões, aí ele manda eu experimentar. Então só experimentando a gente leva duas horas. Ele tem lá os preferidos dele. E a gente até ficou de fazer alguma melodia juntos pro Aldir

letrar ou pro Chico Bosco letrar, que eu sou parceiro do Chico Bosco, o filho do João. Você vê como a vida é. Quando eu conheci o João eu não podia imaginar que um dia eu ia ser parceiro do filho dele! É por isso que é bacana a gente não ter condições de prever o futuro. É como diz o Johnny Alf na música "o inesperado fez uma surpresa". Que bom essas surpresas! Mas o que funciona comigo e com João é mais isso, a gente fica tocando juntos, ficamos ali. Ele diz: "vai, dá uma ideia". Aí eu dou, ele dá, eu dou, ele dá e ficamos tocando horas a fio a mesma música. Em todos os nossos encontros nunca tocamos mais de uma música, porque ele é um obsessivo e eu também sou. É de chegar na casa dele duas horas da tarde, sair dez horas da noite, parar só pra jantar. Quer dizer, eu janto, ele almoça. Que nossos horários são diferentes. Eu acordo às cinco da manhã, João acorda uma da tarde. É como a música do Chico Buarque, "eu sou funcionário, ele é bailarina"! Nossos tempos são diferentes. Na hora que eu vou deitar é a hora que João está ascendendo pra compor. Muito engraçado isso. Mas é bacana, porque nos encaixamos nas diferenças. Mas temos muita coisa em comum.

Isso é importante, é aquele assunto que a gente estava falando. A pessoa que te conhece pela sua música, normalmente faz uma ideia; "bom, quem é a pessoa que está atrás daquele compositor, músico, instrumentista?" "Quem está por trás daquilo que eu estou ouvindo." Todo ouvinte tem esse hábito. "Como será o Hermeto Paschoal em casa? O que será que ele ouve, o que será que ele não ouve?" E nessas situações, eu acho que até o violão cai bem. Você vai na casa do João e ficam ali tocando, se divertindo madrugada... Vocês têm algumas influências em comum, gostam de ouvir? Tem alguma coisa que você, mesmo não perceben-

do isso na sua música, mas que subliminarmente faz parte dela?

Muitas. Já constatamos em vários momentos afinidades tremendas. Por exemplo, ele ama os impressionistas. Os impressionistas franceses, que foram os caras que deram uma virada na música erudita, digamos assim...

Ele falou que tem um Ravel aqui...

É, nesse disco há uma citação do "Bolero" de Ravel no arranjo belíssimo. João gosta dos impressionistas, eu amo o Ravel e Debussy. Eu amo o professor de Ravel e Debussy, Gabriel Fauré, João também ama. João adora Villa Lobos, eu adoro Villa Lobos, João ama Chico Buarque, eu amo Chico Buarque. João é mais roqueiro que eu. Eu sou pouco roqueiro. A minha entrada no rock assim, muito vou lá de Jeff Back, Steve Morse. Eu fiquei amigo até muito do Steve Vai

Como?

Lá nos Estados Unidos eu fiz uma turnê que o Steve Vai era o meu patrão. E eu não sabia.

Ele comprou a turnê? Você tem que contar essa história.

É, vocês vejam o analfabetismo do Guinga no rock. Não tenho nada contra o rock, Deus me livre! Não tenho nada contra nada. E estava fazendo uma turnê nos Estados Unidos chamado *Guitar Night*. Eram guitarristas de várias origens. Tinha um argelino radicado na frança, que era o Pierre Bensusan, que é um máximo, uma maravilha. Tinha o Andrew que é de Los Angeles, toca violão clássico, grande violonista. E tinha meu amigo Brian lá de São Francisco. Fiquei amigo deles nessa turnê. Eu fui indicado, não sei, não me lembro quem me indicou, me convidaram, eu fui, parti pros Estados Unidos e fui fazer a turnê do *Guitar Nights* que era em pleno inverno dos Estados Unidos. Você imagina, eu que nunca tinha visto neve, encarei costa a costa dos Estados Unidos, rodei aquilo tudo no inverno, janeiro.

Você foi sozinho.

Fui sozinho. E você sabe como que é isso. Pegar a estrada. Toca, bota os instrumentos todos dentro da van, pega aqueles *cases* todos, os *racks* todos, junto com rhodes, fazendo força. Tem calo na mão, aqui. Isso é de carregar *case* nos aeroportos, carregar as coisas todas. Cair na estrada mesmo, quem sai pra trabalhar pelo mundo sabe o que é a estrada. Isso é muito importante na vida de um músico. Ele tem que sair do Brasil pra conhecer o mundo lá fora, porque aqui dentro ele está em casa, as coisas se tornam mais fáceis, até a comunicação. E rodei o mundo com eles e quando estava tocando em Thousand Oaks, em Los Angeles, foi logo no início da turnê, terceiro ou quarto show. Um magrinho cabeludo subiu, veio me cumprimentar. Me abraçou e eu falei com ele, agradeci como é a educação, mas eu estava muito puto, porque o som não tinha ficado bom. E eu ralhei com o técnico, e eu não sei falar inglês, a comunicação estava difícil e o som do violão nunca ficava bom. Porque o som do violão brasileiro tem suas particularidades. E não ficava nunca gordo, aquele violão gordo brasileiro. E eu estava meio chateado, mas com educação, lógico. E ele percebeu a minha contrariedade, assim. Não que eu passasse isso pra plateia, eu toquei, mas eu tentei o máximo. Aí me veio dizer que estava muito bom: "good sound", não sei o quê... Me abraçou, adorou as músicas. Aí eu agradeci a ele e tal, obrigado, mas eu estava puto! Porque não tinha conseguido me manifestar do jeito que queria e fui pro camarim. Aí o Pierre Bensusan que fala espanhol vira e disse: "ih, este *hombre* é nostro patrão, é homem que tá pagando *nosostros*!"... Essa história foi foda, Charles. Aí o Pierre me falou, "esse é o Steve Vai, rapaz!" Aí eu sabia quem era ele, por causa do filme. Aquele filme que tem um negócio que ele faz os dois guitarristas, se eu não me engano. Tem um desafio com um garoto, o garoto acaba ganhando dele. E é muito virtuoso, e ele toca numa velocidade incrível. Daí eu digo, "pô que vacilo, que furo!" Aí eu fui correndo lá no lugar onde ele estava e pedi desculpas a ele. Aí eu fui falando a ele que eu era um *guitar player*, *Brazilian guitar player*, compositor brasileiro, que era ligado muito na música brasileira. E que na música americana a minha maior informação era dos eruditos e do rock eu conhecia pouco, tinha uma informação do Steve Morse, o Jeff Back, alguns outros, mas lógico que eu conhecia ele de nome, que ele me perdoasse. Ele foi um cavalheiro, o cara... Isso não preocupa ele. O mundo todo conhece ele. Não é pelo fato do Guinga não ter reconhecido, que se tornaria um problema.

Violão brasileiro. Fala um pouco das características do violão brasileiro. Você que é um especialista.
Eu não sou mesmo! Na realidade eu sou um compositor. O violonista vem a reboque. Eu até não me considero violonista. Nunca fui um concertista. Tentei estudar violão pra ser concertista, não tive disciplina pra ser um concertista. Sou muito vagabundo pra ser concertista. Agora, nesse ponto eu e João temos afinidade. A gente pensa no violão, não como violão, mas como se ele fosse uma orquestra. O que que esse violão pode dar pra gente em termos orquestrais? Então a gente fica buscando ali o que a nossa cabeça imagina. O violão brasileiro, eu acho, a coisa rítmica é especialíssima, porque o Brasil, talvez, só a África pra ter uma infinidade de ritmos, né, a diversidade é incrível!

São mais de 300.
É uma coisa impressionante. Se eu tocar uns cinco ou seis ritmos brasileiros já é muito, mas é uma infinidade. Por exemplo, o violão flamenco, é o violão mais virtuoso do mundo! É um violão que só eles conseguem tocar daquela maneira. Se você não nascer lá, não tiver os neurônios impregnados naquilo, você pode até aprender, mas não vai tocar do jeito deles! Mas eles também não conseguem tocar nosso violão. Nosso violão é um mistério pra eles. Eu digo isso, porque tive a oportunidade de conhecer o Paco de Lucia. Raphael Rabello nos apresentou, nós tocamos uma noite inteira juntos. Quando o Paco tocou, eu fiquei caolho, eu me perdi, minha cabeça ficou zonza, eu quase desmaiei. Mas também quando eu toquei pro Paco, com o meu violãozinho de pouco virtuosismo, o Paco também não entendia os caminhos, porque vai entender um violão, por exemplo, de um Toninho Horta. De um mineiro tocando, um Milton Nascimento, um João Bosco, ou um Baden Powel ou um Garoto, ou um João Pernambuco, ou um Agostinho Barros. Vamos falar dos latino americanos. O violão latino americano é muito especial! E dentro do violão latino americano, nós ocupamos, aí eu não vou ser modesto, o ápice é o violão brasileiro. Por quê? Porque harmonicamente não existe outro violão tão rico no mundo. O único que chegou num grau de evolução tão grande quanto o brasileiro é a guitarra americana. Os guitarristas de jazz americanos harmonicamente andaram por caminhos nunca dantes navegados. Mas em compensação quando os brasileiros tocam pra eles é um mistério, porque o pensamento harmônico do brasileiro é uma coisa da terra. Você é impregnado pela cultura do seu país. Você vê um mineiro tocando, é um mistério até pra mim que sou carioca. E também um mineiro ouvir um Baden Powel tocar, ele fica louco.

Você chegou a ver o Luis Bonfá alguma vez?

Muito, sou fã demais do Luis Bonfá! Estilista.

É, muito técnico também...

Maravilhoso! Fazia acordes impossíveis. Bonfá tinha uma abertura que era impressionante. Tem um acorde dele, que os dedos estão abertos de uma maneira que você não consegue fazer aquilo. Então o que que acontece? Existe um violonista brasileiro chamado Marcos Tardelli, que pro meu gosto é o maior violão que eu já ouvi na minha vida.

Você produziu o disco dele, não foi?

É, aí eu fico suspeito.

Eu tenho esse disco. Eu fui jurado no Prêmio Tim, eu dei nota 10 nesse disco e falei assim: "extraordinário, nunca vi nada parecido na minha vida!"

Ele monta polegar, ele faz acorde com polegar que ninguém consegue, não tem nada parecido! E ver tocar é mais impressionante ainda. O Hélio Delmiro, que é o meu outro ídolo. Eu tenho vários ídolos, o Hélio Delmiro, Toninho Horta, Chiquito Braga, meu Deus são tantos, não posso ficar aqui citando todos! Mas admiro cada um no seu estilo. Eu adoro o Lulu Santos tocando do jeito dele, acho maravilhoso. Acho um gênio do *standard* dentro do pop. Acho o Lulu Santos um mistério.

É um gênio!

É um gênio! Acho aquele homem um gênio! Eu digo assim: "meu Deus, manda uma música que eu componho". Mas que beleza, que arquitetura, que caminho! Como é que ele sai dessa maneira dentro dessa estética! Às vezes mete o ré bicudo lá, que tantos violonistas têm vergonha de fazer. Aquele ré maior bicudo, mas no momento certo. Não existe acorde feio, é só você usar. Depende da maneira como você usa, no momento em que você usa. É isso, você tem que descobrir a beleza. Às vezes a beleza não está aparente, ela está como uma sombra e você precisa saber olhar na sombra. O tempo vai te dando essa visão. Você vai aprendendo a gostar de coisas que você antes rechaçava. Eu fiquei amigo do Gambale, que é inventor daquela técnica, um negócio que faz com a palheta, que é uma coisa genial, que ele que inventou. Em compensação tem um violonista chamado Roberto Mendes, no Recôncavo Baiano. Você conhece a abertura do "Expresso 2222" que o Gil faz? Aquele violão ponteado que é característica, uma coisa que é estilo do africano, que é tocar na mesma corda com o polegar e o indicador. O Roberto Mendes faz isso como ninguém. Eu te garanto que pode chegar uma legião de músicos flamencos, vão ouvir o Roberto Mendes tocar e não vão conseguir reproduzir. Ele que passou pro Gilberto Gil aquele clichê, do "Expresso 2222", que o Gil usou muito bem usado no baião. Aquilo é uma coisa de domínio público do Recôncavo Baiano. Eu fiquei sabendo isso pelo Roberto Mendes. Eu pensava até que o Gil é que tinha inventado aquilo, mas não é. O Gil usou muito bem usado. A inteligência do Gil de colocar aquilo no baião. Maravilhoso! Uma coisa que é feito pela percussão. É a chula do Recôncavo Baiano. Você vê a riqueza do violão brasileiro. Não dá, a única coisa que eu posso dizer é o seguinte, Charles, eu tenho orgulho de ser brasileiro, sabe? Tenho orgulho de ser um compositor que compõe por intermédio do violão. Por que que a gente compõe no violão? Porque o Brasil é um país pobre e dá pra ter em casa um violão, não dá pra ter um piano. São poucos os compositores brasileiros que compõe no piano. Poucos tiveram acesso ao piano. Essa é a diferença fundamental entre a música brasileira e a música americana, que foi consumida como canção, a música de Gershwin, de Cole Porter, de Rodgers and Hart e muitos outros... Por quê? Porque eles compuseram no piano. E a gente, a nossa tradição é violão, cavaquinho, a guitarra, é o Pepeu Gomes, é o Lulu. Isso tá dentro do pop, tá dentro do rock, tá dentro de qualquer estilo, porque é mais barato ter um violãozinho de corda de aço ou de corda de nylon dentro de casa.

Vamos entrar um pouquinho no disco antes da gente finalizar. Você lembra do lançamento desse disco, tem alguma... Olha, o que me lembro desse disco, eu vou te dizer sinceramente o que me marcou. Nessa época eu morava em Copacabana e a gravadora era a RCA Vitctor. Rildo Hora produziu muito o João Bosco. Eu morava perto da gravadora. Muitas vezes eu estava chegando do trabalho de dentista, todo de branco, com a maletinha e encontrava com o João na minha calçada vindo do estúdio. E eu encontrei com o João nessa época, que estava gravando esse disco. Me encontrei com ele na calçada, perto da rua Inhangá. Eu morava entre a rua República do Peru e a rua Marechal Mascarenhas de Morais. Morava naquela quadra. A RCA Victor ficava na outra quadra, entre a rua Rodolfo Dantas e a Inhangá. João vinha andando com Rildo. Eu era amigo dos dois. Eu todo de dentista e eles vindo do estúdio. E eles estavam fazendo esse disco. Isso foi uma coisa que me marcou com relação a esse disco. Fora tantas outras coisas que a música do João e do Aldir tem marcado na minha vida. Mas o encontro, né, a coisa pessoal, a coisa física, né? Você está com a pessoa e ela está no meio da... que quando a gente tá fazendo um disco... Você sabe o que que é isso. É como se a gente recebesse uma outra coisa, você fica possuído. Focado naquilo. É, você não é outra coisa. Você, o estúdio, o técnico, os músicos... E também tem uma coisa, quando acabou, você pega dá um pontapé e não quer ouvir mais, né? Noventa por cento dos artistas são assim. Ninguém tem que ficar vivendo do passado. Você está sempre pensando no próximo.

Tem alguns clássicos desse disco que entraram pro repertório do João Bosco, o repertório clássico dele. Como você falou, várias parcerias não podem sair, não é? Mas qual aqui na sua opinião, a que você acha que representa bastante o espelho dessa época que a gente falou tecnicamente?

Tem uma música aqui que me emociona profundamente, mas profundamente, que é o "Rancho da goiabada". Eu chorei muitas vezes com essa música. Tá aí, essa eu dava a vida pra ter feito. Essa eu tenho aquela inveja boa. Por que que eu não fiz essa música? E eu impliquei no início como título, "Rancho da goiabada". Mas na hora que ele fala "goiabada cascão com muito queijo". Isso é a alma do brasileiro. É de chorar. Como é o momento quando eles falam de outro disco; "band-aid no calcanhar." "Tá lá um corpo estendido no chão." A dupla é tão forte, a virulência é tamanha, que eles conseguiram virar termo de futebol. Quando uma expressão de uma música sua passa a ser termo de narrador, de locutor esportivo, você está imortalizado! Não precisa mais nada, né? Tá lá o corpo estendido no chão. Ou então no caso do Chico Buarque, ele tá "olhos nos olhos com o goleiro"... perdeu... "olhos nos olhos"

Virou domínio público.

É, domínio público. É tudo o que um compositor quer na vida, virar domínio público. O cara achar que aquela música é domínio público. Mas ela tem um autor. E você luta pra não ser um anônimo e no final você quer que a obra seja reconhecida como a de um anônimo. Essas são as contradições que existem dentro do artista.

Esse álbum gravado em 1976 resiste bem a todas as ondas que passaram na música popular nesses últimos trinta e tantos anos? Resiste bem, é atual? Claro que a música de João Bosco é atual. Isso nem a gente precisa dizer, mas é que especialmente os discos, eles também são pautados por condições técnicas...

Eles são cronistas de uma época. Todo grande artista retrata sua época. Com uma pequena diferença, ele retrata de uma maneira atemporal. Porque a vida é polifásica e cíclica, ela dá voltas. Você sabe disso, a gente sabe disso. E como a física mesmo apregoa, nada tem fim, tudo se transforma. Então daqui a duzentos anos em que terá se transformado o *Galos de briga* de João Bosco e Aldir Blanc? Fica essa pergunta no ar. Pra quem vier daqui a duzentos anos, talvez o programa esteja bem guardado e possa ser reproduzido pela tecnologia da época. Então o cara daqui a duzentos anos pode dizer. Fica feita essa pergunta pra daqui a duzentos anos e eu aproveito pra marcar um encontro com você pra daqui a duzentos anos.**O**

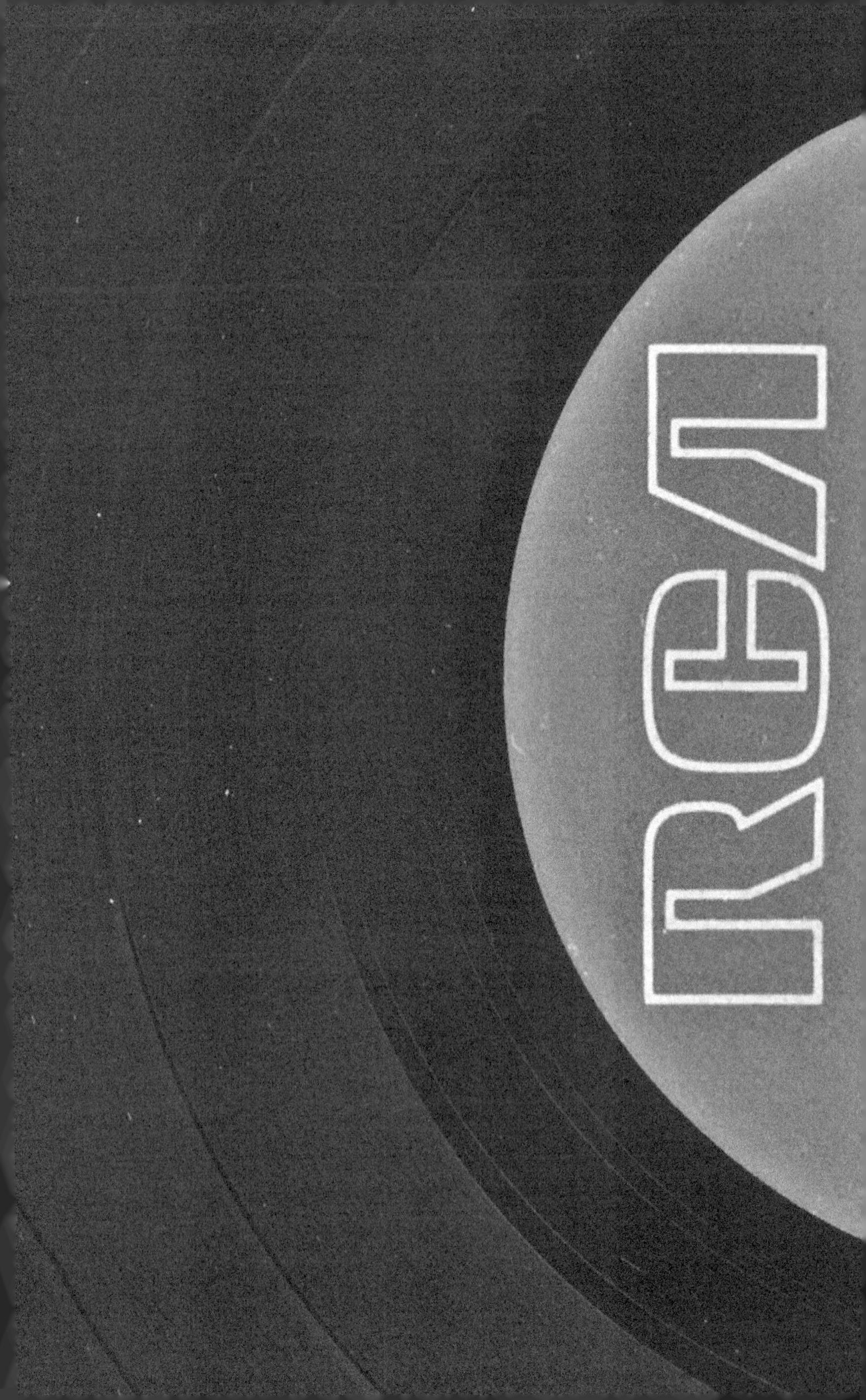
RCA

do 2 Estereo

171   103.0171-B

ÃO BOSCO

"LOS DE BRIGA"

SS SUETER
rt. esp. de Angela Maria)
ão Bosco-Aldir Blanc) 3:15

TIN LOVER
ão Bosco-Aldir Blanc) 1:57

Victor

LOS DE BRIGA
ão Bosco-Aldir Blanc) 2:16

MINISMO NO ESTÁCIO
ão Bosco-Aldir Blanc) 3:25

ANSVERSAL DO TEMPO
rt. esp. de Toots Thielemans)
ão Bosco-Aldir Blanc) 4:04

ANCHO DA GOIABADA
ão Bosco-Aldir Blanc) 4:04

naflex

R RCA ELETRÔNICA LTDA. AV. ÉNG. BILLINGS. 2227, S. PAULO, COM MATRIZES DE RCA
TM(S) ® MARCA(S) REGISTRADA(S) USADAS POR AUTORIZAÇÃO DE RCA CORPORATION.
DIREITOS RESERVADOS. PROIBIDA A EXECUÇÃO, PÚBLICA E A RÁDIO TRANSMISSÃO
IZADAS. INDUSTRIA BRASILEIRA. CGC 61.126.074/0002-44. SCOP-DPF-001/69-SP.

© Charles Gavin, Canal Brasil; © Desta edição, Ímã Editorial

Direção geral Charles Gavin
Coordenação Luis Marcelo Mendes
Edição Julio Silveira
Projeto gráfico Tecnopop
Revisão Priscilla Morandi e Jackson Jacques
Fotos Thiago Barros
Transcrição Rosa Wippel

Agradecimentos especiais a
Paulo Mendonça • André Saddy • Carlinhos Wanderley
Catia Mattos • Canal Brasil • Darcy Burger • André Braga
Bravo Produções • Gabriela Gastal • Gabriela Figueiredo
Samba Filmes • Zunga • Yanê Montenegro
Oi • Secretaria de Cultura Governo do Rio de Janeiro

Bosco, João, 1946—
B677   Galos de briga(1976) : João Bosco : entrevistas a
Charles Gavin / Entrevistas de João Bosco, Rildo Hora e
Guinga a Charles Gavin. — Rio de Janeiro: Ímã | Livros
de Criação, 2015 .
88 p.: il. ; 21 cm. — (O som do vinil).

ISBN   978-85-64528-32-1

1. Música popular — Brasil — História. 2. Músicos
— Entrevista. I. Hora, Rildo 1939-. II. Guinga, 1950- III.
Gavin, Charles, 1960-. IV. Título. V Série

CDD 782.421640981
CDU 784.4(81)

O projeto empregou as tipologias FreightText e FreightSans.

Ímã Editorial | Livros de Criação
www.imaeditorial.com